UTB

W0322749

UTB **3315**

Eine Arbeitsgemeinschaft der Verlage

Böhlau Verlag · Köln · Weimar · Wien
Verlag Barbara Budrich · Opladen · Farmington Hills
facultas.wuv · Wien
Wilhelm Fink · München
A. Francke Verlag · Tübingen und Basel
Haupt Verlag · Bern · Stuttgart · Wien
Julius Klinkhardt Verlagsbuchhandlung · Bad Heilbrunn
Lucius & Lucius Verlagsgesellschaft · Stuttgart
Mohr Siebeck · Tübingen
Orell Füssli Verlag · Zürich
Ernst Reinhardt Verlag · München · Basel
Ferdinand Schöningh · Paderborn · München · Wien · Zürich
Eugen Ulmer Verlag · Stuttgart
UVK Verlagsgesellschaft · Konstanz
Vandenhoeck & Ruprecht · Göttingen
vdf Hochschulverlag AG an der ETH Zürich

UTB Profile

Gerhard Kaiser

Literarische Romantik

Vandenhoeck & Ruprecht

Dr. Gerhard Kaiser ist Privatdozent an der Universität Göttingen und vertritt derzeit eine Professur für Neuere deutsche Literaturwissenschaft an der Universität Siegen.

Bibliografische Information der Deutschen Nationalbibliothek

Die Deutsche Nationalbibliothek verzeichnet diese Publikation in der Deutschen Nationalbibliografie; detailliertere bibliografische Daten sind im Internet über http: //dnb.d-nb.de abrufbar.

ISBN: 978-3-8385-3315-5 (utb-e-book)
ISBN: 978-3-8252-3315-0 (UTB-Bestellnummer)

© 2010 Vandenhoeck & Ruprecht GmbH & Co. KG, Göttingen
www.v-r.de

Alle Rechte vorbehalten. Das Werk und seine Teile sind urheberrechtlich geschützt. Jede Verwertung in anderen als den gesetzlich zugelassenen Fällen bedarf der vorherigen schriftlichen Einwilligung des Verlages. Hinweis zu § 52a UrhG: Weder das Werk noch seine Teile dürfen ohne vorherige schriftliche Einwilligung des Verlages öffentlich zugänglich gemacht werden. Dies gilt auch bei einer entsprechenden Nutzung für Lehr- und Unterrichtszwecke. – Printed in Germany.

Reihenkonzept und Umschlagentwurf: Alexandra Brand
Umschlagumsetzung: Atelier Reichert, Stuttgart
Satz: Ruhrstadt Medien, Castrop-Rauxel
Druck und Bindung: Hubert & Co, Göttingen

Inhalt

Einleitung

»Es träumt sich nicht mehr recht von der blauen Blume. Wer als Heinrich von Ofterdingen erwacht, muß verschlafen haben«, so der Philosoph und Literaturwissenschaftler Walter Benjamin 1927. Mit der »blauen Blume«, dem wohl bekanntesten Symbol der Romantik, und mit dem *Heinrich von Ofterdingen* spielt Benjamin an auf den gleichnamigen Roman Friedrich von Hardenbergs (1772-1801), der sich selbst dann den Künstlernamen Novalis zulegte. Was Benjamin damit unter dem gesteigerten Realitätsdruck in der Weimarer Republik zum Ausdruck bringen will, ist: Wer noch in den Träumen und Ideen der Romantik, jener gesamteuropäischen kulturellen Strömung, die in den 1790er Jahren beginnt und fast ein halbes Jahrhundert dauert, schwelgt, der macht sich einer unzulässigen »Weltfremdheit« schuldig. Die Zeit der Romantik, die Zeit des Romantischen also, sei endgültig vorbei.

Und doch tauchen das Romantische und mit ihm die Romantik immer wieder auf, lässt man das 20. und das beginnende 21. Jahrhundert Revue passieren. Sei es – um hier nur zwei Beispiele aus einer nicht allzu fernen Vergangenheit aufzugreifen – dass die Hippiebewegungen der 1960er Jahre und die ökologischen Bewegungen seit den 1980er Jahren, bewusst oder unbewusst, an bestimmte Aspekte der Romantik wieder anknüpfen, sei es, dass Ausstellungen zur Malerei der Romantik oder Bücher zum Thema regen Zuspruch in der kulturraisonnierenden Öffentlichkeit finden: Man denke etwa an die Caspar-David-Friedrich-Ausstellung in Essen 2002 oder an Rüdiger Safranskis unlängst erschienene erfolgreiche Abhandlung *Romantik. Eine deutsche Affäre.* Zudem kommt bis heute der Begriff »romantisch« im Alltag in geradezu inflationärer Weise zum Einsatz, wenn es darum geht, eine bestimmte Stimmung, eine bestimmte Situation, bestimmte Gegenstände, Landschaften oder Bilder, Romane, Filme oder Musikstücke zu charakterisieren. Kurzum: Das Bedürfnis nach »Romantischem« lässt sich nicht einfach stillstellen und die Rede vom Romantischen scheint ein steter Begleiter jener umfassenderen historischen Epoche zu sein, die zum Teil durch die Romantik selbst mitbegründet wird: der Moderne. Die Romantik ist, indem sie das Formeninventar und die Selbstreflexivität künstlerischen Ausdrucks nachhaltig erweitert und steigert, Mitbegründerin der kulturellen Moderne und zugleich, dies macht ihre Janusköpfigkeit aus, werden im Namen des Romantischen von Beginn an und immer wieder, vor allem in Zeiten von extremen ökonomischen und sozialen Veränderungsschüben, vehemente rückwärtsgewandte Einsprüche erhoben gegen die Folgen und Irritationen einer solchen Modernisierung. Diese Doppelgesichtigkeit aus Erneuerungsbestreben und Rückwärtsgewandtheit, Revolution und Reaktion, Weltveränderungsanspruch und Weltflüchtigkeit kennzeichnet das Profil der Romantik und gibt auch der *literarischen* Romantik ihr irritierendes und zugleich auch faszinierendes Gepräge.

Dieses Buch konzentriert sich auf die *literarische* Romantik und beschränkt sich zudem auf den deutschsprachigen Bereich. Doch selbst dann noch scheint das Ansinnen geradezu vermessen, in einem vergleichsweise knappen Rahmen einen einführenden Überblick geben zu wollen über einen Zeitabschnitt der deutschen Literaturgeschichte, der so reich an höchst widersprüchlichen, spannenden wie versponnenen, progressiven wie rückwärtsgewandten Tendenzen ist. Reicht doch das literarische Spektrum der Romantik – um nur einiges zu nennen – von den philosophischen Fragmenten und den literaturrevolutionierenden Romanexperimenten eines Friedrich Schlegel, Novalis, Bonaventura, den unkonventionellen und ironischen Dramen und Märchenerzählungen eines Ludwig Tieck über die »Kunstvolksdichtung« der Heidelberger Romantik, die patriotischen Schauspiele eines Achim von Arnim, die Lyrik und die Literaturgeschichtsschreibung Joseph von Eichendorffs und die phantastischen Romane und Erzählungen E.T.A. Hoffmanns bis zur katholischen Mystik der späten Texte eines Clemens Brentano oder Joseph Görres. Zudem handelt es sich um einen Zeitraum, der mit der frühen Romantik (erste Hälfte der 1790er Jahre bis 1801 mit den Zentren Jena und Berlin), der mittleren Romantik (mit den Zentren Heidelberg 1805 bis 1808 und Berlin 1809 bis 1822) und der späten, katholisch geprägten Romantik (1820/1830er Jahre mit den Zentren Wien und München) immerhin gleich drei Phasen umfasst, die auf den ersten Blick wenig miteinander gemein haben. Damit also das Ansinnen einer Einführung nicht zur telefonbuchartigen Aneinanderreihung von Namen, Werktiteln und Jahreszahlen wird, bedarf es einer Auswahl des Beispielhaften sowie einer Reduktion auf das je Charakteristische, d.h. Romantikspezifische dieser Beispiele. Im Folgenden sollen deshalb zunächst nach einem kurzen Blick auf die Begriffsgeschichte fünf wesentliche Charakteristika der literarischen Romantik vorgestellt werden. Im steten Rückbezug auf diese Charakteristika skizzieren dann die weiteren Kapitel das geistige und soziale Profil der literarischen Strömung. Dabei sollen, unter Berücksichtigung aller literarischer Gattungen, einige der exemplarischen Repräsentanten und ihre wichtigsten, in Schule und Studium immer wieder behandelten Texte vorgestellt werden.

Romantik im Profil

1

Herzensergießungen eines kunstliebenden Klosterbruders oder: Was »romantisch« meint und wie man es sich merken kann

Wortgeschichtlich gesehen haben »romantisch« und »Roman« den gleichen Ursprung. Sie gehen auf das altfranzösische Stammwort »romanz« zurück. Mit »romanz« bezeichnete man die romanische Volkssprache im Gegensatz zur lateinischen Gelehrtensprache. Hieraus entwickelte sich dann der Begriff »romance« als Bezeichnung von zunächst in provenzalischer Sprache geschriebenen Vers- und Prosadichtungen, die ritterliche Themen aus dem Umkreis der Roland- bzw. Artussagen zu amourösen und phantastischen Geschichten verwoben. Aus ihm entstand neben der Gattungsbezeichnung »Romanze« auch der Begriff des Romans, der zunächst eine erfundene, erdichtete Prosaerzählung meinte.

Begriffsgeschichte

In diesem – meist eher negativen – Sinne für eine unwahrscheinliche, phantastische und zu Übertreibungen neigende Erzählhaltung hielt sich der Begriff bis zur Mitte des 18. Jahrhunderts. In der zweiten Hälfte des 18. Jahrhunderts kam es in England und Frankreich zu einer folgenreichen Erweiterung: »Romantisch« konnten nun nicht mehr nur bestimmte Erzählungen sein, sondern – in einem durchaus positiven Sinne – alle Gegenstände, an denen Merkmale des Wunderbaren, Phantasievollen einen Abstand zum Alltäglichen einerseits und zu klassizistischen Ordnungen in der Kunst andererseits markierten (zum Beispiel »romantische« Landschaften). »Romantisch« konnte aber nun auch die Liebe sein; etwa dann, wenn sie sich gegen gesellschaftliche Konventionen (und um den Preis des Liebestodes) behauptete. Im alltagssprachlichen Gebrauch hat sich »romantisch« bis in die Gegenwart hinein als Bezeichnung für eine Haltung oder ein Handeln behauptet, das im Gegensatz zur Rationalität und zum Realismus des »normalen« Lebens steht.

Zeitlich nähern wir uns damit den Anfängen jener literarischen Strömung, um die es hier geht und somit u.a. einem Buch von Wilhelm Heinrich Wackenroder (1773-1798) und Ludwig Tieck (1773-1853), das den Titel *Herzensergießungen eines kunstliebenden Klosterbruders* trägt.

Fünf wesentliche Charakteristika der literarischen Romantik

Obgleich fast am Anfang der literarischen Romantik stehend, verdichten sich bereits im Titel dieser 1796 (datiert auf 1797) erschienenen Sammlung wesentliche Aspekte der Romantik. Man könnte sogar so weit gehen, und – ein wenig boshaft vielleicht – behaupten, dass wir es hier bereits mit einer Definition des »Romantischen« zu tun haben. Zum Text selbst hier ganz kurz nur so viel:

Es handelt sich um ein durch seine Erzählstruktur – der titelgebende Klosterbruder fungiert als Erzähler der meisten Stücke – verklammertes Sammelwerk von 18 Texten: kunsttheoretische Aufsätze (insbesondere über Malerei, etwa Raffael und Dürer), Briefe, Bildbeschreibungen, Prosa und Poesie, Künstlerbiographik und Essayistik. Sowohl die unsystematische Form als auch ihr Inhalt machen die *Herzensergießungen* zweifellos zu einem der Gründungsdokumente der deutschsprachigen Frühromantik. Dies erklärt wohl auch Goethes lebenslange Abneigung gegen das Büchlein: Noch im November 1827 bezeichnet er in einem Brief das Buch als »Infektion eines schwindsüchtigen Pfaffenfreundes« (Wackenroder war 1798 mit 24 an einem Nervenfieber gestorben).

Aber zurück zum Titel: Hier verdichten sich, wie in einem Prisma und ohne dass der Begriff des »Romantischen« fiele, doch ganz zentrale Aspekte der deutschsprachigen literarischen Romantik, so dass man sie sich mit Hilfe dieses Titels (wie in einer Art 5-Finger-Lernmethode) immer wieder vergegenwärtigen kann:

1. *Herzensergießungen*

Die *Herzensergießungen* verweisen auf den Gemütszustand des Erzählers sowie auf seine Erzählhaltung, die zugleich eine Lebenshaltung ist: nämlich die der Schwärmerei und des Enthusiasmus (E.T.A. Hoffmann etwa wird später seine ersten Erzählungen von einem fiktiven »reisenden Enthusiasten« erzählen lassen). Die Tradition der enthusiasmierten Rede ist natürlich nicht genuin romantisch, geht sie doch – als Gotterfülltheit, Verzückung, Inspiration – über die Genieästhetik des Sturm und Drang und über die Empfindsamkeit zurück bis auf Platon.

Und dennoch manifestiert sich im schwärmerischen Redegestus der *Herzensergießungen* ein bewusster Einspruch der beginnenden Frühromantik gegen den zeitgenössischen, aufgeklärten Umgang mit der Kunst, der von einer klassizistischen und rationalistischen Poetik und Ästhetik getragen wird. Stark gemacht wird das Gefühl als jene angemessene Erlebnis- und Ausdrucksweise, in der sich der Kunst im Besonderen, der Welt im Allgemeinen begegnen lässt. Als liebevolle Einfühlung und pietätvolle Andacht richtet sich die Herzensergießung gegen jene

> »[k]ritischen Köpfe, welche, an alle außerordentliche Geister, als an übernatürliche Wunderwerke, nicht glauben wollen noch können und die ganze Welt gern in Prosa auflösen möchten.« (W I, 65)

Damit wird natürlich nicht nur ein spezifisches Verhältnis gegenüber der Kunst, sondern auch eine aufgeklärte Denk- und Lebenshaltung insgesamt kritisiert. Die Reden des Klosterbruders sind durchsetzt von einem Wortschatz der Innerlichkeit, der Rhetorik des Erhabenen und Sakralen, der Tradition der Empfindsamkeit und der Sprache des Herzens. So heißt es etwa in dem Abschnitt *Wie und auf welche Weise man die Werke der großen Künstler der Erde eigentlich betrachten und zum Wohle seiner Seele gebrauchen müsse:*

> »Ich vergleiche den Genuß der edleren Kunstwerke mit einem Gebet. [...] Der aber ist ein Liebling des Himmels, welcher mit demüthiger Sehnsucht auf die auserwählten Stunden harrt, da der milde himmlische Strahl freywillig zu ihm herabfährt, die Hülle irdischer Unbedeutendheit, mit welcher gemeiniglich der sterbliche Geist überzogen ist, spaltet, und sein edleres Innere auflöst und auseinanderlegt; dann knieet er nieder, wendet die offene Brust in stiller Entzückung, gegen den Himmelsglanz und sättiget sie mit dem ätherischen Licht; dann steht er auf, froher und wehmüthiger, volleren und leichteren Herzens, und legt seine Hand an ein großes gutes Werk.« (W I, 106f.)

2. *eines*

Das klingt ein wenig konstruiert, aber wir haben es hier mit den »Herzensergießungen« *eines* Klosterbruders zu tun und nicht mit der klosterbrüderlichen Sicht auf die Kunst überhaupt. Was sich hierin andeutet, das ist die vor allem für die Frühromantik bedeutsame und oft im Rückbezug auf den Philosophen Johann Gottlieb Fichte (1762-1814) vollzogene Hochschätzung des Subjekts, das auf sich selbst, d.h. auf die Bedingungen seiner Möglichkeit reflektiert, und das die Welt außerhalb seiner selbst, das »Nicht-Ich«, wie es bei Fichte heißt, erst in ihrem Sosein »setzt«. Diese Hochschätzung der Individualität gilt auch und gerade für den Künstler, was sich etwa zeigt, wenn Friedrich Schlegel in seinem berühmten 116. *Athenäums*-Fragment (s. dazu unten) ganz in der Tradition der Genieästhetik des Sturm und Drang darauf besteht, »daß die Willkür des Dichters kein Gesetz über sich leide« (FS, 183).

3. *kunstliebend*

Fast untertrieben ist das schmückende Beiwort »kunst*liebend*«, artikuliert sich im *Klosterbruder* doch geradezu eine Kunstfrömmigkeit, eine Sakralisierung der Kunst, die für die Romantik prägend und konstitutiv sein wird. Bereits in einem Brief Wackenroders vom 11. Dezember 1792 an seinen Freund Tieck bricht sich diese Kunstreligiosität Bahn:

> »Nur *schaffen* bringt uns der Gottheit näher; u der Künstler, der Dichter ist Schöpfer. Es lebe die *Kunst*! Sie allein erhebt uns über die Erde, u macht uns des Himmels würdig.« (W II, 101)

Der Künstler fungiert als gottähnliches Schöpferindividuum, die Kunst selbst übernimmt gleichsam die Mittlerfunktion der Kirche als autonome, sakramentale Gnadenspenderin. Dass eine solche Überschätzung der Kunst gleichzeitig erhebliche Gefahren der gesellschaftlichen Entfremdung für die beteiligten Künstler mit sich bringt, auch dieser in vollem Umfang erst bei Hoffmann entfaltete Gedanke wird erstaunlicherweise bereits im *Klosterbruder* angedeutet: am Beispiel des *Merkwürdigen musikalischen Lebens des Tonkünstlers Joseph Berglinger*. Das Schlussstück der Sammlung (das bedeutendste und umfangreichste) entwirft Konturen des romantischen Künstlers als eines Zerrissenen, die traditionsbildend bis heute sind. Es baut die bis in den Ästhetizismus des 19. und 20. Jahrhunderts wirksame Kontraststellung des geweihten Künstlers gegenüber den gewöhnlichen Menschen, den »Philistern«, in der Weise aus, dass für das Auserwähltheitsgefühl des Künstlers gleichzeitig der Preis seiner Selbstaufopferung zu bezahlen ist. Der Überschätzung der Kunst entspricht ein elitäres Bewusstsein des Genies, das die Musik und den Künstler im Rahmen einer Kunstreligion weiht, seine Auserwähltheit und Genialität aber mit einer radikalen Asymmetrie zum Publikum bezahlt:

> »Er gerieth auf die Idee, ein Künstler müsse nur für sich allein, zu seiner eigenen Herzenserhebung, und für einen oder ein paar Menschen, die ihn verstehen, Künstler seyn.« (W I, 142)

Die für die Romantik so charakteristische »Kunstliebe« zeitigt aber noch einen weiteren wichtigen Effekt. So wie der Liebende in Gedanken permanent um das Objekt seiner Liebe kreist, so kreist die romantische Literatur immer wieder um das Objekt *ihrer* Liebe, nämlich um die Kunst. Insofern reflektiert die romantische Literatur eben auch permanent sich selbst und macht sich selbst zum Thema ihrer Darstellungen, was sich darin niederschlägt, dass die Hauptfiguren der romantischen Erzählungen, Romane und Dramen nicht selten Künstler sind oder zumindest werden wollen.

4. und 5.: *Klosterbruder*

Der »Klosterbruder« erinnert bildlich an zwei Grundzüge der Romantik: Zum einen an ihre Begeisterung für das Mittelalter, jene »tiefsinnige und romantische Zeit« (N 1, 249). Die zeigt sich nicht nur darin, dass viele romantische Erzählungen und Romane (etwa Novalis' *Heinrich von Ofterdingen*) im Mittelalter situiert sind, sondern auch darin, dass das Mittelalter von romantischen Autoren wie A.W. Schlegel (in seinen Berliner Vorlesungen, s. dazu unten) oder Novalis (in seiner programmatischen Studie *Die Christenheit oder Europa*) als positive Projektionsfläche herangezogen und konstruiert wird, wenn es darum geht, die Zustände in der aufgeklärten, aber als leidenschafts- und geheimnislos empfundenen Gegenwart zu kritisieren. Das Mittelalter wird dann im Rahmen eines dreistufigen Geschichtsschemas zum ursprünglichen »goldenen Zeitalter« stilisiert, aus dessen Paradiesen sich der Mensch der Neuzeit selbst vertrieben habe. Als dritte Stufe wird eine im Zeichen des Romantischen »wiederverzauberte« Welt in die Zukunft projiziert. Neben dieser Funktion einer vergangenheitsorientierten Gegenwartskritik entwerfen die Romantiker mit ihrem eingeschönten Bild des Mittelalters natürlich auch ein Konkurrenzprogramm zur Antikeorientierung der deutschen Klassik.

Zum anderen steht der »Klosterbruder« für die latente oder auch ganz offene Neigung der Romantiker, jener »nach dem Ueberirdischen durstige[n] Seelen« (N II, 750), zum Religiös-Spirituellen im Allgemeinen, zum Katholizismus (man denke an die Konversion Schlegels, die Reversion Brentanos, an den Katholizismus Eichendorffs) im Besonderen. Die Sinn- und Ordnungsverheißungen eines christlichen Weltbildes gewinnen für die Romantiker vor allem nach dem Abkühlen des frühromantischen Überschwangs zunehmend an Attraktivität. Aber schon 1799 heißt es etwa bei Novalis in *Die Christenheit oder Europa*:

> »Es waren schöne glänzende Zeiten, wo Europa ein christliches Land war, wo *Eine* Christenheit diesen menschlich gestalteten Welttheil bewohnte; *Ein* großes gemeinschaftliches Interesse verband die entlegensten Provinzen dieses weiten geistlichen Reichs.« (N II, 732)

Bei Wackenroder geht diese neue Begeisterung für das Mittelalter und den Katholizismus, die bald von vielen Romantikern geteilt werden sollte, auf seine Nürnberg-Reise im Juni 1793 zurück. In einem seiner Reisebriefe an die Eltern schreibt er:

> »*Nürnberg* ist eine Stadt, wie ich noch keine gesehen habe, u hat ein ganz besonderes Interesse für mich. Man kann sie, ihres Äußern wegen, in der *Art* romantisch nennen.« (W II, 188)

Wenn Wackenroder an dieser Stelle Nürnbergs mittelalterlich anmutende Architektur mit dem Terminus »romantisch« belegt, deutet sich in seinem Wortgebrauch bereits jene folgenreiche Bedeutungsverschiebung bzw. -erweiterung an, von der am Beginn dieses Kapitels die Rede war: von der älteren Bedeutung des Romanhaften, Wunderbaren oder auch Naturhaft-Pittoresken zum Zentralbegriff einer modernen, dem Lob des klassischen Altertums entgegengesetzten Dichtungstheorie, wie sie insbesondere von den Gebrüdern Schlegel in der Folgezeit vor allem im *Athenäum* propagiert wurde.

Bevor es im folgenden Kapitel genau um jene Dichtungstheorie und die Gebrüder Schlegel gehen soll, hier abschließend noch einmal die fünf zentralen Charakteristika der deutschsprachigen Romantik in der Übersicht:

Herzensergießungen eines kunstliebenden Klosterbruders	1. Aufwertung des Gefühls 2. Subjektivität 3. Kunstemphase und Kunstreflexion 4. Mittelalter als gegenwartskritische Projektionsfläche 5. Neigung zum Religiös-Spirituellen, zum Katholischen

Weiterführende Literatur

Kremer, Detlef: Romantik. 2. Aufl. Stuttgart/Weimar 2003
Safranski, Rüdiger: Romantik. Eine deutsche Affäre. München 2007

2

»Die Welt muß romantisiert werden« – Frühromantische Gruppenbildung, Literaturpolitik und Programmatik

Die Phase der Frühromantik ist vergleichsweise kurz, reduziert sie sich doch – sieht man einmal von den üblichen Inkubationszeiten solcher Strömungen ab – auf die zweite Hälfte der 1790er Jahre. In diese ca. 5 bis 6 Jahre fallen die Freundschaft zwischen Wackenroder und Tieck (die mit dem frühen Tod des Ersteren 1798 endet), zwischen Tieck und Novalis (die mit dem ebenso frühen Tod Novalis' 1801 endet) sowie zwischen Friedrich Schlegel (1772–1829) und Novalis. Ebenfalls hier verortet ist die Zusammenarbeit der Gebrüder Schlegel, die zwischen 1798 und 1800 gemeinsam das erste romantische Publikationsorgan, das Athenäum, herausgeben, die als skandalös geltende Beziehung zwischen Friedrich und der damals noch verheirateten Bankiersgattin Dorothea Veit (1763–1839), die Beziehung zwischen August Wilhelm Schlegel (1767–1845) und seiner Frau Caroline (1763–1809), die dann wenig später Schlegel für den Philosophen Schelling (1775–1854) sitzen lässt.

Wechselnde Gruppenbildungen und Jena als wichtiges Zentrum

Die kurzzeitigen Zentren der instabilen und ständig im Fluss begriffenen, romantischen Geselligkeiten sind Jena, Berlin und dann wieder Jena. Im August 1796 ziehen die Schlegels auf Einladung Schillers, mit dem sie sich später heillos überwerfen, nach Jena und knüpfen dort auch Kontakte mit Fichte. Im Juli 1797, nach dem Zerwürfnis mit Schiller, zieht Friedrich Schlegel wieder nach Berlin, verkehrt dort in den literarischen Salons der Rahel Levin und Henriette Herz und beginnt eine Liebesaffäre mit Dorothea Veit. Hier lernt er auch den Philosophen Friedrich Schleiermacher (1768-1834) und den Dichter und Übersetzer

Ludwig Tieck kennen. Diese Berliner Periode dauert bis in den Spätsommer 1799. Das dritte größere Zusammentreffen, September 1799 bis etwa April 1800, ist das wichtigste – zumindest hat es als Konstitution der sogenannten »Jenaer Romantik« am meisten von sich reden gemacht. Hier treffen August Wilhelm und seine Frau Caroline mit Friedrich und Dorothea, Ludwig Tieck und seiner Frau sowie Novalis zusammen. Auf »Symphilosophie« und »Sympoesie«, also auf eine neue Form gemeinschaftlicher Kulturproduktion unter Wahrung der größtmöglichen Freiheit der beteiligten Individuen zielen Friedrich Schlegel zufolge alle diese vorübergehenden Romantiker-Bünde und die neuen Formen der Geselligkeit in der Frühphase. Das ist groß gedacht und geht natürlich – im Großen und Ganzen gesehen – am Ende schief. Der jugendbewegte Elan des schönen Chaos – die meisten der beteiligten Akteure befinden sich noch in ihren 20ern – verebbt, die Projekte scheitern, die hochfliegenden Pläne, das Experiment einer Gemeinschaftlichkeit ohne Zwang und feste Regeln – sie geraten in den Sog der Fliehkräfte des Allzumenschlichen. Um 1801/02 kommt es zum Zerfall der ohnehin nur lose gefügten Gruppe. Friedrich Schlegel beginnt – auf der Suche nach ordnungsstiftenden ideellen Bezugssystemen – seine Neigung für das Religiöse zu entdecken (die schließlich in seiner Konversion zum Katholizismus 1808 mündet), Novalis stirbt, Tieck – ohnehin eher in der Rolle des etablierten Außenseiters – verlässt Jena zu Beginn des Jahres 1801, Friedrich Schlegel und Schleiermacher überwerfen sich über dem Projekt einer Platon-Ausgabe und die sehr selbstbewusste Caroline Schlegel wird zur Lebensgefährtin Schellings.

Literaturpolitik und Programmatik I: August Wilhelm Schlegels »Kritik an der Aufklärung«

Als August Wilhelm Schlegel zwischen 1801 und 1804 in Berlin seine *Vorlesungen über schöne Literatur und Kunst* hält, ist die Konstitutionsphase der deutschen Romantik, die sogenannte Frühromantik, also in gewisser Weise bereits zu Ende.

Und doch sind es erst die Vorlesungen des Berliner Privatgelehrten, die im Sinne einer eigenständigeren denkerischen Leistung zwar nicht sonderlich originell sind, die aber dennoch die einzelnen Ideen des frühromantischen Kreises zum ersten Mal in pointierten Formulierungen zusammenfassen. Damit erst wird die Romantik als ein klar abgrenzbarer Diskurs einem breiteren Publikum vermittelt.

Nicht weniger nimmt er sich vor, als eine »Schilderung des gegenwärtigen Zustandes der Europäischen Bildung« (AWS, 537) überhaupt zu liefern. In diesem Zusammenhang widmet er seine fünfte und sechste Vorlesungsstunde einer grundlegenden »Kritik der Aufklärung«. Schlegel tritt hier, dies gilt es zu berücksichtigen, nicht oder doch zumindest nicht vorrangig als unbeteiligter Kunstwissenschaftler auf, dem es darum ginge, seinen Zuhörern einen möglichst objektiven Überblick über kulturelle und literarische Tendenzen der vergangenen Jahrzehnte zu geben. Schlegel ist als wichtiges Mitglied der frühromantischen Interessengemeinschaft ein beteiligter Akteur im Spiel um machtvolle Positionen innerhalb des literarischen Feldes und er betreibt Literaturpolitik. Was heißt das? Innerhalb des literarischen Feldes geht es immer auch darum, die Definitionsmacht darüber zu erlangen, was überhaupt als »Literatur« gelten soll und wer überhaupt ermächtigt ist, sich als Schriftsteller zu bezeichnen. Insofern entpuppt sich das literarische Feld, darauf verweist der französische Soziologe Pierre Bourdieu, als ein »Kampfplatz« mit eigenen Regeln, auf dem zuallererst und permanent von konkurrierenden Akteuren und Gruppen darum gestritten wird, was Literatur überhaupt ist (Bourdieu 2001, 379-445). Wer sich hier die Deutungsmacht erstreiten kann, erwirbt zugleich die Möglichkeit, gewichtige Positionen innerhalb des literarischen Feldes zu besetzen. Insofern wird man Schlegels Kritik an der Aufklärung auch als interessegeleiteten Versuch verstehen müssen, der Programmatik der eigenen Gruppe ein Profil zu geben und sie ins Gespräch zu bringen. Solche Positionierungsversuche haben eine bestimmte, strukturelle Logik. Sie leben von der Unterscheidung und von einem Überbietungsgestus, der mit ganz bestimmten Versprechungen einhergeht. Anders formuliert: Um Aufmerksamkeit wecken zu können, muss man deutlich machen, inwiefern sich das eigene Programm von konkurrierenden unterscheidet und inwiefern man bereits existierende Programme übertrifft. Das literarische Feld in Deutschland gegen Ende des 18. Jahrhunderts verstärkt diesen Kampf um Aufmerksamkeit und erhöht mit der Konstitution eines literarischen Marktes den Inszenierungsdruck auf die Schriftsteller, ist doch für diesen Zeitraum eine immense »Verdichtung der Kommunikation« (Detlef Kremer) zu beobachten. Diese Verdichtung wird ermöglicht durch den Übergang des Buchhandels zu frühkapitalistischen Produktionsweisen, wodurch der Markt für Druckerzeugnisse enorm anwächst: Für den Zeitraum zwischen 1770 und 1800 geht man mittlerweile von einer Verzehnfachung der Buchproduktion und von einer Verdreifachung der Zahl der Buchhandlungen aus, die Zahl der neu erscheinenden Zeitschriften erreicht

1790 in Deutschland mit 1225 Titeln einen Höchststand. Damit steigt aber auch die Zahl der Schriftsteller, die um ein zunehmend lesefähiges Publikum konkurrieren, in diesem Zeitraum enorm an.

Was bei August Wilhelm Schlegel unter dem Begriff »Aufklärung« firmiert, ist also selbst bereits eine interessegeleitete Reduktion und Selektion. Hauptgegner seiner Ausführungen ist mit Friedrich Nicolai ein Berliner Repräsentant der spätaufklärerischen deutschen Popularphilosophie, deren Kritik am frühromantischen Denken auch ausführlich mit Polemik bedacht wird:

> Mehrere meiner Freunde und ich selbst haben den Anfang einer neuen Zeit auf mancherley Art, in Gedichten und in Prosa, im Ernst und im Scherz verkündigt [...]. Das entsetzliche, gar nicht aufhörende Geschrey dawider von allen Seiten scheint doch zu verrathen, daß die Gegner unsre Behauptung nicht für so ungereimt halten als sie vorgeben, daß sie doch vielleicht heimlich fürchten, im ruhigen Besitz der Nichtigkeit durch jene verhaßten Anmuthungen gestört zu werden. (AWS I, 538)

Soviel zur polemischen Seite der Unterscheidung. Wer sich unterscheidbar machen will, muss aber auch zeigen können, was an dem, von dem er sich unterscheiden will und das er überbieten zu können vorgibt, falsch bzw. unzulänglich ist. Und er muss zumindest in groben Zügen das Profil des eigenen Programms umreißen. Was ist also nach A.W. Schlegel so falsch an der Aufklärung und was setzt er dagegen? Betrachtet man konkreter die Steine des Schlegel'schen Anstoßes, so zeigt seine Aufklärungskritik, die ganz in der Tradition von Schillers Kulturkritik steht, eine dreifache Stoßrichtung: Erstens kritisiert er ein auf bloße Nützlichkeit abzweckendes Denken, das er als Ausdruck eines defizitären Menschenbildes brandmarkt. Die aufklärerische Popularphilosophie ziele in ihrem Wahrheitsstreben lediglich auf »Brauchbarkeit und Anwendbarkeit«. Diese »ganze verkehrte Denkart«, der das »ökonomische Prinzip« zugrunde liege, ziele darauf, »das menschliche Dasein und die Welt rein wie ein Rechen-Exempel aufgehen« zu lassen. Die sich dergestalt aufgeklärt Dünkenden verfolgten »dabei als Unaufgeklärtheit die ursprüngliche Irrationalität, die ihnen überall im Wege ist«. (AWS I, 523f.) Was das aufklärerische Denken in Schlegels Augen also falsch macht, ist, dass es ausgehend von einem verkürzten Verstandesbegriff wesentliche Aspekte des menschlichen Daseins gar nicht erst in den Blick bekommt. Ein rein am Nutzenkalkül orientiertes Denken führt, so der Vorwurf, letztlich zu einem unangemessenen und naiven Bild des Menschen, zu einer *defizitären Anthropologie.* Das Nächtige im Menschen, seine Furcht, seine Träume, seine Phantasie, so Schlegel, eben »das Dunkel, worin sich die Wurzel unseres Daseins verliert« und das »den Zauber des Lebens« ausmacht, könne wohl von der romantischen Poesie, nicht aber vom aufklärerischen Denken angemessen begriffen werden.

Zweitens kritisiert er den Typus des Philisters. Das ökonomische Prinzip führt nämlich nicht nur zu einer Verkürzung des menschlichen Denkens, sondern es zeitigt und formt auch einen ganz bestimmten Charaktertypus: den Philister (den man heute als »Spießer« bezeichnen würde). Die permanente Ausrichtung am Nützlichkeitskalkül, so Schlegel, veranlasst das aufklärerische Denken »alle Tugenden, die sich nicht der Brauchbarkeit für irdische Angelegenheiten fügen wollten, für Überspannung und Schwärmerei aus[zugeben]«. (AWS I, 528) Alle sollten

> gleichermaßen in das Joch gewisser bürgerlicher Pflichten gespannt werden, in das Gewerbs- und Amts- und dann das Familienleben, [...] um den Acker des Staates wie Zugvieh zu pflügen, und die Bevölkerung zu befördern. (AWS I, 528)

Das Resultat einer solchen konzertierten Eindämmung menschlicher Entfaltungsmöglichkeiten liegt auf der Hand: »Produziert« werden Menschen, die »nur wie Uhren für die täglichen Verrichtungen maschinenmäßig aufgewunden werden« (AWS I, 539). Die romantische Literatur ist stark bevölkert von solchen Philistertypen: von Wackenroders seltsamem, »nackten Heiligen«, der besinnungslos vor Angst sich in »immerwährender Arbeit anstrengt«, weil er beständig das Getöse des »rauschenden Rads der Zeit« vernimmt (in Wackenroders *Ein wunderbares morgenländisches Märchen von einem nackten Heiligen*) bis zu E.T.A. Hoffmanns Bier trinkenden Bürgerfiguren.

Drittens schließlich formuliert Schlegel eine Kritik der beginnenden Moderne als Kapitalismus-, Medien- und Kulturkritik. Deutlich spricht sich in seinen Ausführungen ein Unbehagen in der beginnenden Moderne und ihrer Kultur aus. Was seit Rousseau und Schiller gleichsam als kommentierendes und komplementäres Phänomen der Moderne zu beobachten ist, artikuliert sich auch bei Schlegel: eine Kritik, die den Preis, die Konsequenzen und die Folgeschäden in den Blick nimmt, die eine zunehmende Ausdifferenzierung, Ökonomisierung, Versachlichung und Rationalisierung der Lebensverhältnisse mit sich bringen, kurzum das, was Max Weber einmal als die »Entzauberung der Welt«, die zu einem »stahlharten Gehäuse« geworden sei, bezeichnet. Dem aufklärerischen Fortschrittsoptimismus, der sich auf seine naturwissenschaftlichen und technischen Errungenschaften stützt, setzt Schlegel die Dialektik (d.h. hier: das Umkippen in sein Gegenteil) dieses Fortschritts entgegen:

> Die Entdeckung der fremden Welttheile hat zwar bey den Nationen, von denen sie herrührte, den Portugiesen und Spaniern, eine große heroische Periode hervorgebracht, und sie auf eine Zeitlang zu Mittelpunkten Europäischer Bildung gemacht. Im Ganzen aber hat sie den Luxus unermeßlich gesteigert, und dadurch die Herrschaft der handelnden Nationen über die nicht handelnden, und wiederum in jenen durch die Fabriken-Industrie den Despotismus des Geldes, die Abhängigkeit der Armen von den Reichen aufs stärkste fixirt. Die Erfindung des Schießpulvers hat den ritterlichen Geist zerstört [...] (AWS I, 533)

Globalisierungs- und Kapitalismuskritik *avant la lettre* also. Auch die Verlusterscheinungen, die die Erfindung des Schießpulvers und des Buchdrucks zeitigen, sind für Schlegel strukturell analog: Beide führen letztlich zu einem Verlust an Authentizität. So wie das Schießpulver den ritterlichen Kampf Mann gegen Mann und Aug' in Aug' unmöglich macht und somit letztlich die »Ehre«, jene »große Idee aus dem Mittelalter« untergräbt, so führt der Buchdruck, mithin die technische Reproduzierbarkeit des Schriftlichen, zu einem medial bedingten Authentizitätsverlust: Der »Zauber des lebendigen Vortrags«, die Ursprünglichkeit der mündlichen Kommunikationssituation wird untergraben durch die »Bequemlichkeit der todten Buchstabenmittheilung« (AWS I, 534), es dominiert das »einsame, ungesellige Lesen«, die Vielzahl des unnütz Geschriebenen und potenziell zu Lesenden führt zu einer Rezeptionshaltung, die

> »durch die Leichtigkeit des Besitzes gegen das Vortrefflichste so gleichgültig geworden, daß sie meistens gar nicht mehr mit Andacht [hier lässt der Klosterbruder grüßen, G. K.], sondern bloß zu gedankenloser Zerstreuung lesen«. (AWS I, 535)

Letzteres ist natürlich gerade auch für die romantischen Produkte, die in ihrer Komplexität geradezu programmatisch eine langsame und wiederholte Lektüre einfordern, desaströs: Droht ihnen doch angesichts der Masse an leichter konsumierbaren Konkurrenzprodukten, der »Verdichtung der Kommunikation«, das notwendige Maß an Aufmerksamkeit erst gar nicht zuteil zu werden. Bei aller Kritik an »der« Aufklärung erscheint sie Schlegel jedoch als ein notwendiges Durchgangsstadium in einem triadischen Geschichtsschema, ein »Übergang, eine Vorbereitung« (AWS I, 538) in der Entwicklungsgeschichte der menschlichen Kultur; ein Stadium, hinter das – bei allem Lobpreis des Mittelalters – zwar nicht mehr zurückgegangen werden könne, das es aber nun zu überwinden gelte. Am Ende seiner Ausführungen steht dann das frühromantische Konkurrenzangebot zur »Wiederverzauberung« der zuvor beklagten Welt. Es ist vor allem die neue, romantische Poesie, die das »Beginnen einer andern Zeit« (AWS I, 539) ankündige. Diese neue Zeit kündigt sich zwar in einer von Schlegel mit geradezu religiöser Inbrunst umschriebenen Kunst an – »[w]o man einmal das Göttliche gefunden, gebe man sich mit einer Art von Andacht hin, um sich ganz davon durchdringen zu lassen« (AWS I, 536) –, allerdings bleibt insgesamt doch recht vage, wie die Beschaffenheit der neuen, romantischen Kunst sei. Ein Blick auf die Überlegungen seines Bruders mag hier weiterhelfen.

Literaturpolitik und Programmatik II: Friedrich Schlegels 116. *Athenäums*-Fragment und Novalis' »Romantisierungs«-Postulat

Vielfach gebraucht, vielleicht seltener hinreichend erläutert ist das Schlagwort von der »progressiven Universalpoesie«. Geprägt und ›entwickelt‹ von Friedrich Schlegel in seinem 116. *Athenäums*-Fragment, verdichtet sich in ihm – eben schlagwortartig – nicht nur Friedrich Schlegels Poetik, sondern auch weitestgehend das frühromantische Literaturverständnis. Einige Erläuterungen zum *Athenäum* seien hier vorgeschaltet.

Das Athenäum (1798-1800)

Von der sprunghaften Zunahme der Zeitschriften auf dem literarischen Markt im letzten Drittel des 18. Jahrhunderts war bereits die Rede. Warum gründen Schriftsteller Zeitschriften? Nicht nur Schlegel, auch andere haben dies ja immer wieder getan: Man denke etwa an die diversen Projekte Schillers. Friedrich Schlegel selbst gibt auf diese Frage in einem Brief vom 31.10.1797, in dem er seinem Bruder den Gründungsplan zu einer Zeitschrift unterbreitet, eine halb ironische und doch zugleich auch erhellende Antwort:

> Ein andrer großer Vortheil dieses Unternehmens würde wohl seyn, dass wir uns eine große Autorität in der Kritik machen, hinreichend, um nach 5-10 Jahren kritische Dictatoren Deutschlands zu seyn, die Allgemeine Litteratur-Zeitung zu Grunde richten, und eine kritische Zeitschrift zu geben, die keinen anderen Zweck hätte als Kritik. (FS 24, 31)

Natürlich zielt die Anspielung mit den »kritischen Dictatoren« auch ironisch auf das zum Zeitpunkt des Briefes noch nicht eingestellte, klassische Konkurrenzprojekt der *Horen* von Goethe und Schiller. Aber sehr schön zeigt der

Brief, worum es bei literarischen Zeitschriften auch immer geht: nämlich darum, Positionen innerhalb des literarischen Feldes zu besetzen, indem man der eigenen Stimme im Spiel um die Deutungshoheit darüber, was denn Literatur eigentlich sei, ein Forum verschafft, von dem aus sie gehört wird.

Freilich konnte das *Athenäum* – anders als die von Schlegel erwähnte Jenaer *Allgemeine Literatturzeitung* – in breiteren Kreisen keinen Anklang finden. Das *Athenäum* war von ähnlicher Kurzlebigkeit wie Schillers *Horen*. Im Mai 1798 erschien die erste Ausgabe, zwei Jahre, sechs Hefte und zwei Verleger später war schon wieder Schluss. Zu extravagant, zu (bewusst) uneinheitlich, zu polemisch sicherlich auch war das Profil der Zeitschrift, so dass sich die Festsetzung der Auflage auf 1.250 selbst für heutige Verhältnisse als geradezu gewagt ausnimmt. Zur Profilbildung der frühromantischen Bewegung hat die Zeitschrift gleichwohl beigetragen: Zum einen erschienen in den zwei Jahren ihres Bestehens in dem Organ einige Beiträge, die für die Selbstverständigung und die Außendarstellung der Frühromantiker bedeutsam waren: neben den Fragmenten Schlegels seine für die Literaturkritik und -wissenschaft Maßstäbe setzende *Wilhelm Meister*-Rezension, sein *Gespräch über die Poesie*, Novalis' Sammlung *Blüthenstaub* und zum ersten Mal seine *Hymnen an die Nacht*. Zum anderen sorgte sie innerhalb des literarischen Feldes vor allem durch die Gegner, die sie sich schuf, für Aufmerksamkeit: Nicht zuletzt seitens der Berliner Spätaufklärung um Friedrich Nicolai sahen sich die Herausgeber wiederholt scharfen Angriffen ausgesetzt.

Das Fragment

Die *Form* des Fragments spielt vor allem für Schlegel eine gewichtige Rolle. Mit seinem Charakter des Unabgeschlossenen, Werdenden, das gleichwohl auf ein Ganzes verweist, mit seiner Gedankenführung, die zwar philosophisch ist, sich aber den philosophischen Normen der Systematik verweigert, indem sie an die Stelle der stringenten Argumentation und Beweisführung den »Witz«, d.h. die Fähigkeit zu überraschenden Analogiebildungen setzt, spiegelt das Fragment auf formaler Ebene einige von Schlegels Grundüberzeugungen zur romantischen Poesie, mithin zur progressiven Universalpoesie wider. Das Fragment erscheint als eine Textform, die es dem Denken ermöglicht, sich selbst beim Denken zuzuschauen – ich werde auf diesen Aspekt der Selbstreflexivität noch einmal zurückkommen. Als Bruchstück von etwas setzt das Fragment ein ehemaliges Ganzes voraus oder deutet auf ein zukünftiges Ganzes voraus. Lothar Pikulik (Frühromantik. Epoche – Werke – Wirkung.

2. Aufl. München 2000, 127) findet dafür die prägnante Beschreibung: »Im retrospektiven Sinne ist das Fragment Relikt, im prospektiven Sinne ist es Projekt.« In dieser Einsicht in die Diskrepanz, in die Spannung zwischen endlicher Bruchstückhaftigkeit und angestrebtem, letztlich aber nicht zu erreichendem Ganzen, Unendlichen, auf das das Fragment ja auch verweist, manifestiert sich das, was als »romantische Ironie« bezeichnet wird. Gemeint ist damit eben die Einsicht in die Paradoxie von Universalanspruch und Unabschließbarkeit.

Das 116. Athenäum-Fragment und Novalis' »Romantisierungs«-Postulat

Kommen wir zum Inhalt des 116. Athenäum-Fragments mit einem gelegentlichen Seitenblick auf Novalis' »Romantisierungs«-Postulat. »Die romantische Poesie ist eine progressive Universalpoesie« (FS 2, 182), so heißt es sloganartig und prägnant gleich zu Beginn. Das klingt schön und gut. Aber was bedeutet es? Drei Aspekte sind es, die Schlegel zufolge die romantische Poesie vor allem kennzeichnen:
1. ihre Universalität; 2. ihre Transzendentalität; 3. ihre Progressivität.

1. Universalität: Damit meint Schlegel, dass die romantische Poesie durch den Anspruch gekennzeichnet ist, *grenzüberschreitend* zu sein. a) Die romantische Poesie überschreitet die traditionellen Grenzen zwischen den Gattungen und sie ist demzufolge befugt, Dramatisches mit Lyrischem und Epischem zu vermischen; »alle getrennten Gattungen«, so heißt es, werden »wieder« vereinigt (auch hier modelliert das dreistufige Geschichtsmodell das Denken: Etwas, das *wieder* vereinigt wird, muss irgendwann einmal bereits zusammen gewesen sein).

b) Die romantische Poesie überschreitet die Grenzen zwischen Kunst und Wissenschaft, denn sie will »die Poesie mit der Philosophie und Rhetorik in Berührung [...] setzen [...], den Witz [d.h. hier: das Geistreiche, G.K.] poetisieren und die Formen der Kunst mit gediegnem Bildungsstoff jeder Art anfüllen und sättigen.«

c) Die romantische Poesie überschreitet schließlich die Grenzen zwischen Kunst und Leben, sie will »die Poesie lebendig und gesellig, und das Leben und die Gesellschaft poetisch machen«. (FS 2, 182)

Eine Kunst, die diesen Forderungen nach mehrfacher Grenzüberschreitung genügt, ist zugleich eine synthetische Macht, insofern es ihr gelingt, ganz unterschiedliche Elemente miteinander zu verbinden. Oder, wie Schlegel es formuliert: »Die romantische Poesie ist unter den Künsten was der Witz der Philosophie, und die Gesellschaft, Umgang, Freundschaft und Liebe im Leben ist.« (FS 2, 183) Diese Fähigkeit zur Synthese, die Fähigkeit, Heterogenes, Einfaches und Schwieriges, Bekanntes und Unbekanntes, Hohes und Niedriges zusammenzubringen (bei Schlegel heißt es »Kunstpoesie und Naturpoesie« und von «der Kunst, bis zu dem Seufzer, dem Kuß, den das dichtende Kind aushaucht« (FS 2, 182) ist die Rede), charakterisiert Novalis als Prozess des Romantisierens:

> Die Welt muß romantisirt werden. [...] Diese Operation ist noch ganz unbekannt. Indem ich dem Gemeinen einen hohen Sinn, dem Gewöhnlichen ein geheimnißvolles Ansehn, dem Bekannten die Würde des Unbekannten, dem Endlichen einen unendlichen Schein gebe so romantisire ich es – Umgekehrt ist die Operation für das Höhere, Unbekannte, Mystische, Unendliche – dies wird durch diese Verknüpfung logarythmisiert – Es bekommt einen geläufigen Ausdruck. [...] Lingua romana. (N II, 334)

2. Transzendentalität: Dieser Gedanke wird bei Schlegel so formuliert:

> »Und doch kann auch sie [die romantische Poesie, G.K.] am meisten zwischen dem Dargestellten und dem Darstellenden, frei von allem realen und idealen Interesse auf den Flügeln der poetischen Reflexion in der Mitte schweben, diese Reflexion immer wieder potenzieren und wie in einer endlosen Reihe von Spiegeln vervielfachen. (FS 2, 182f.)

Bei Novalis heißt es: »Romantisiren ist nichts, als eine qualit[ative] Potenzirung.« (N II, 334) Was beide hier im Blick haben, ist, dass die romantische Poesie gleichsam eine – wie es an anderer Stelle heißt – »Poesie der Poesie«, eine »Transzendentalpoesie« ist. Den Begriff des »Transzendentalen« entleiht Schlegel bei Immanuel Kant, bei dem mit dem Begriff eine Denkbewegung gemeint ist, die das Denken selbst zum Gegenstand des Denkens macht und nach den Bedingungen der Möglichkeit von Erkenntnis überhaupt fragt. Transzendental wäre also jene Poesie, die sich auf sich selbst zurückbeugt und nach den Bedingungen ihrer Möglichkeit fragt; eine Poesie, die sich also nicht im Darstellen (im Erzählen von *Geschichten*) erschöpft, sondern die zugleich die Darstellung selbst, den Prozess des Darstellens (das Wie und/oder den Akt des Erzählens) zum Thema macht: z.B. ein Roman, der nicht nur eine Geschichte erzählt, sondern der zugleich auch das Schreiben eines Romans selbst zum Thema macht. Die romantische Poesie ist eine solche, die die Poesie selbst noch einmal zum Objekt macht. Deshalb spricht Novalis auch von der qualitativen Potenzierung, die ja auch eine Operation darstellt, bei der eine Zahl sich selbst noch einmal zum Gegenstand werden kann, indem sie mit sich selbst multipliziert wird (2^2 entspricht 2x2). Dieser Gedanke, dass die Poesie also Subjekt und Objekt, Darstellendes und Dargestelltes zugleich ist, wird in Schlegels Ausführungen auch auf grammatischer Ebene anschaulich, wenn die Poesie Subjekt und Objekt des Satzes zugleich ist: »Sie [d.i. die Poesie, G.K.] will, und soll auch Poesie und Prosa, Genialität und Kritik [...] bald mischen, bald verschmelzen [...]« (FS 2, 182).

3. Progressivität: »Progressiv« enthält eine beschreibende und zugleich eine wertende Komponente, es meint »fortschreitend« und »fortschrittlich« zugleich. Letzteres versteht sich gleichsam von selbst. Denn dass Schlegel sein eigenes poetologisches Programm für fortschrittlich im Sinne von modern hält bzw. es so ausweist, liegt nicht zuletzt im Überbietungsgestus einer Programmatik begründet, die sich innerhalb des zunehmend von Konkurrenz gekennzeichneten, literarischen Feldes gegen ihre ›Gegner‹ (etwa aufklärerische Poetiken) durchsetzen muss. Insofern hat die das Fragment beschließende Versicherung Schlegels, »denn in einem gewissen Sinne ist oder soll alle Poesie romantisch sein«, fast etwas von der Androhung einer ›freundlichen Übernahme‹ potenziell aller rivalisierenden poetologischen Konzepte.

Was aber bedeutet fortschreitend? Wie ist es zu verstehen, wenn Schlegel insistiert, die »romantische Dichtart« sei »noch im Werden; ja das ist ihr eigentliches Wesen, daß sie ewig nur werden, nie vollendet sein kann« (FS 2, 183)? Die Rede vom »ewigen Werden« wird verständlicher, wenn man den Blick über den je einzelnen (romantischen) Text hinaus erweitert. Dann könnten mit Progressivität u.a. folgende Aspekte gemeint sein:

a) Die romantische Dichtart folgt keinen spezifischen Regeln, weil sie, wie Schlegel betont, »als ihr erstes Gesetz anerkennt, daß die Willkür des Dichters kein Gesetz über sich leide« (ebd.). Insofern sie also vornehmlich an die Subjektivität und die Phantasie ihres jeweiligen Verfassers gekoppelt ist, befindet sich die romantische Dichtart – zumindest der Möglichkeit nach – in einem Zustand der permanenten, eben von den jeweiligen schreibenden Subjekten allein abhängigen Entwicklung. Insofern, als außerkünstlerische Aspekte ihre Entwicklung deshalb auch nicht beeinflussen können, ist sie *autonom* (im wahrsten Sinne des Wortes, heißt »autonom« doch so viel wie »selbstgesetzgebend«). Das ist natürlich alter Wein in neuen Schläuchen, bedient sich Schlegel hier doch bei einer Genieästhetik, die seit dem Sturm und Drang geläufig ist. Die Absage an regelpoetische Vorstellungen und das Loblied der Phantasie bedeuten wiederum nicht, dass die romantische Poesie – ihrer Form nach – völlig willkürlich ist. Zwar duldet sie keine Verordnungen von außen, in sich selbst soll sie allerdings auf so etwas wie »organische Ganzheit« hin angelegt sein: »indem sie jedem, was ein Ganzes in ihren Produkten sein soll, alle Teile ähnlich organisiert, wodurch ihr die Aussicht auf eine grenzenlos wachsende Klassizität eröffnet wird« (ebd.)

b) Die romantische Dichtart ist an keine bestimmte Epoche gebunden, weder im Rück-, noch im Vorausblick: Das schafft ihr die Möglichkeit, sich selbst im literaturgeschichtlichen Rückgriff eine eigene *Tradition zu erfinden* (Schlegel nennt an anderer Stelle etwa Dante, Petrarca, Cervantes, Shakespeare oder Goethe als Vorläufer der romantischen Poesie) und ermöglicht für die Zukunft eine prinzipiell unendliche Bestandsgarantie qua umfassendem Eingemeindungsangebot. Denn zumindest potenziell kann ja alles romantisch sein oder es zumindest werden.

c) Die romantische Dichtart ist fortschreitend in dem Sinne, dass einzelne Texte immer wieder auch auf andere Texte reagieren, sich auf andere Texte beziehen (kritisch oder sie fortschreibend): So erscheint die romantische Dichtart als fortschreitendes, *prinzipiell unabschließbares* Gespräch zwischen den Texten. Was Schlegel hier mit Blick auf die romantische Literatur fordert, bezeichnet die heutige Literaturwissenschaft als die Intertextualität von Literatur.

d) Gemeint sein könnte indes auch der rezeptionsästhetische Aspekt, der aus jedem Text beim Lesen und beim Darüber-Schreiben wieder einen anderen Text werden lässt. Auch dieser Prozess ist ja prinzipiell unabschließbar. Und auch bei Novalis heißt es ganz in diesem Sinne: »Der wahre Leser muß der erweiterte Autor seyn.« (N II, 282)

Wie eine solche, von Schlegel hier nur fragmentarisch skizzierte Literatur tatsächlich aussieht, das lässt sich wohl nirgends besser studieren, als an den Texten Ludwig Tiecks und an den frühromantischen Romanexperimenten. Darum soll es in den folgenden beiden Kapiteln gehen.

Weiterführende Literatur

Frank, Manfred: Einführung in die frühromantische Ästhetik. Vorlesungen. Frankfurt/M. 1989

Pikulik, Lothar: Frühromantik. 2. Aufl. München 2000, S. 87-167

Schanze, Helmut (Hrsg.): Romantik-Handbuch. 2. durchges. u. aktualisierte Aufl. Stuttgart 2003

Bollenbeck, Georg: Eine Geschichte der Kulturkritik. Von Rousseau bis Günther Anders. München 2007, S. 116-122

3

Wahnsinn, Witz und Waldeinsamkeit: Romantisches Kunstmärchen und romantisches Drama am Beispiel Ludwig Tiecks

Die literarische Romantik formuliert nicht nur die Hoffnungen einer im Künstlerischen sich auslebenden Phantasie und Subjektivität, sie thematisiert zugleich auch, zumindest in ihren besten Texten, den Preis und die Gefahren einer solch phantasie-zentrierten Existenz, mithin auch den Preis und die Gefahren der Herausbildung eines modernen ›Ich‹. Sie ist, und darin zeigt sich erneut ihre bereits erwähnte Doppelgesichtigkeit, maßgeblich an der Konstitution eines modernen Bewusstseins beteiligt und formuliert zugleich nachhaltige Einsprüche gegen die Verluste, die dieser Konstitutionsprozess mit sich bringt. In diesem Sinne ist Tieck maßgeblicher Mitbegründer des romantischen Schreibens und Denkens und dessen scharfsichtiger Kritiker zugleich.

Zur Biographie Tiecks

Voller Widersprüche und Brüche ist auch das literarische Leben des 1773 als Sohn eines gebildeten Handwerkers in Berlin geborenen Ludwig Tieck. Tieck beginnt seine literarische Karriere Ende der 1780er Jahre als besoldeter Verfasser von Trivialliteratur. Seinen Lehrern August Ferdinand Bernhardi und Friedrich Eberhard Rambach, die die literarische Begabung des Frühreifen erkennen und nutzbringend verwerten wollen, hilft Tieck zwischen 1789 und 1796 – sozusagen als Experte für das Schauerliche – bei der Ausarbeitung von zahlreichen Sensationsromanen. Für den populären Almanach *Straußfedern* des Berliner Verlegers und spätaufklärerischen Literaturpapstes Friedrich Nicolai verfasst er dann zwischen 1794 und 1798 zahlreiche Erzählungen – so lange, bis sich der gelehrige Schüler Tieck ganz offensichtlich und zunehmend ironisch und eigenmächtig zu weit von den Vorgaben und Mustern eines spätaufklärerischen Gebrauchsschrifttums entfernt. Zwischen 1797 und 1804 bringt Tieck dann jene Texte hervor, die das Profil der romantischen Literatur nachhaltig bestimmen, ja allererst hervorbringen sollen: neben dem *Eckbert* und dem Theaterstück vom *Gestiefelten Kater* (beide 1797) u.a. *Franz Sternbalds Wanderungen*, einen der Prototypen des romantischen Künstler- und Mittelalterromans, die Erzählungen der *Getreue Eckart* (1799) und *Der Runenberg* (1804), sowie die Lesedramen *Leben und Tod der heiligen Genoveva* (1799) und *Kaiser Octavianus* (1804). Zwischen 1812 und 1816, sozusagen als Abschluss dieser Phase, erscheint der *Phantasus*, eine umfangreiche Sammlung seiner Erzählungen und Spiele, eingebettet in Rahmengespräche. 1819 zieht Tieck nach Dresden, wo er als Hofrat und Dramaturg des Theaters eine zentrale Stellung im Kulturleben der Stadt einnimmt. Zwischen 1821 und 1841 erscheinen über 30 weitere Novellen, eine Gattung, die ihre Popularität in Deutschland nicht zuletzt Tieck verdankt. Danach schreibt er nichts mehr. Er zieht 1842 zurück nach Berlin, wo er – der Zenit seines Ruhmes als »König der Romantik« war lange überschritten – einsam, krank und resigniert 1853 stirbt.

Doch zurück zum Anfang. Die Schattenseiten und Probleme der modernen Identitätskonstitution interessieren bereits den jungen Tieck. Hochgespannte Phantasie, Einsamkeit und Identitätsverlust sind die Hauptthemen der 1796 entstandenen und 1797 zum ersten Mal publizierten Märchenerzählung vom *Blonden Eckbert*, die – neben E.T.A. Hoffmanns *Der Sandmann* – einer der meistinterpretierten Texte der deutschen Literatur ist. Tieck bringt hier sozusagen mit einem Wurf das Kunstmärchen auf einen frühen Höhepunkt.

Zur Gattung des Kunstmärchens

Kaum eine andere Gattung hat die romantische Dichtung weltweit so berühmt gemacht wie das (Kunst-)Märchen. Fast alle romantischen Autoren von Wackenroder, Tieck und Novalis, der den »ächte[n] Märchendichter« gar zum »Seher der Zukunft« (N II, 514) erhebt, über Brentano und Arnim bis zu Hoffmann, Hauff und Eichendorff haben Märchen geschrieben oder, wie die Gebrüder Grimm mit ihren *Kinder- und Hausmärchen* (1812/1815), gesammelt. Das ja nicht selbstverständliche Interesse junger, gebildeter Autoren an dieser ›volkstümlichen‹ Form des Erzählens gründet u.a. in dem programmatischen Bestreben der literarischen Romantik, das Phantastische, Wunderbare, Irrationale und somit eben auch das Märchenhafte in der Literatur zu rehabilitieren. Darüber hinaus aber zeigt sich seit dem zweiten Drittel des 18. Jahrhunderts ein generell verstärktes Interesse an der ›Volksliteratur‹ (s. dazu auch

Kapitel 5). Dies gilt nicht zuletzt für ein Deutschland, das zu diesem Zeitpunkt noch in mehr als dreihundert, meist absolutistisch regierte Staaten zersplittert ist. Das Deutschland des 18. Jahrhunderts erscheint wie ein Flickenteppich. Jene nationale Identität, die es anders als etwa die westeuropäischen Staatsnationen England oder Frankreich noch nicht hat, muss zumindest auf symbolischer Ebene, d.h. als kulturelle Tradition, erst einmal ge- bzw. erfunden werden. Dabei sollen auch die Märchen helfen, die, vermeintlich oder tatsächlich einer mündlichen Überlieferungstradition entstammend, zum unmittelbaren und unverbildeten und deshalb authentischen Ausdruck nationaler Eigentümlichkeit stilisiert werden. Eine grundsätzliche Trennung zwischen Volks- und Kunstmärchen ist sicherlich problematisch (so ist z.B. auch die angeblich ›reine‹ Sammlung der Grimms keineswegs frei von Umschriften und Variationen der beiden Herausgeber). In einem engeren Sinne um Kunstmärchen handelt es sich dann, wenn Märchen vorliegen, die mit einem namentlich bekannten Autor verbunden sind und die ein gewisses Maß an Eigenständigkeit und psychologischer Differenzierung aufweisen. Tieck veröffentlicht 1797 eine dreibändige Sammlung von Texten unter dem Titel *Volksmärchen, herausgegeben von Peter Leberecht.* Neben Nacherzählungen finden sich hier als Zeitsatire gedachte Überarbeitungen, Märchendramen und schließlich das frei erfundene und wohl populärste Tieck'sche Kunstmärchen, *Der blonde Eckbert.*

Der blonde Eckbert als ›verdrehte‹ romantische Erzählung von »schwindeligen Identitäten«

Die bereits erwähnte Vielzahl an Interpretationen mag zunächst überraschen, scheint doch die märchenhafte Geschichte, die hier erzählt wird, vergleichsweise einfach: Bertha, die mit dem Ritter Eckbert auf einer Burg im Harz lebt, erzählt Walther, dem Freund ihres Mannes, die Geschichte ihrer Kindheit: Als kleines Mädchen, das seinen Eltern davonläuft, trifft sie in einer Waldhütte eine Alte, die dort mit einem sprechenden Vogel und einem Hündchen zusammenlebt. Bertha findet hier ein neues Zuhause, und oft, wenn die Alte für längere Zeit unterwegs ist, versorgt sie die Tiere und bewacht den Schmuck der Einsiedlerin. Als die Alte wieder einmal unterwegs ist, ergreift Bertha eine tiefe Sehnsucht nach der Welt außerhalb des Waldes. Sie bindet das Hündchen in der Hütte an und läuft mit Schmuck und Vogel davon. Der Vogel aber quält sie mit seinem melancholischen Lied von der *Waldeinsamkeit* so sehr, dass sie ihn schließlich erdrosselt. Ein tiefes Grauen überkommt sie nun, als Walther, nachdem Bertha ihre Erzählung beendet hat, beim Abschied den Namen des Hundes erwähnt, an den sie sich selbst all die Jahre nicht mehr hat erinnern können. Eckbert und Bertha bereuen es nun, sich Walther offenbart zu haben, ihre Freundschaft zerbricht, Eckbert tötet Walther und Bertha stirbt im Fieber, von Ängsten gepeinigt. Eckbert lebt lange einsam auf seiner Burg, bis er sich dem jungen Ritter Hugo anschließt, in dem er aber plötzlich Walther wiedererkennt. Als er sich im Wald verirrt und einen Bauern nach dem Weg fragt, sieht er sich wiederum dem Ermordeten gegenüber. Er hört einen Vogel das Lied *Waldeinsamkeit* singen, eine gebeugte Alte kommt ihm entgegen und offenbart ihm, sie selbst habe sich in die Ritter Hugo und Walther verwandelt und Bertha sei niemand anders als seine Schwester gewesen. Darauf verfällt Eckbert dem Wahnsinn:

> Eckbert lag wahnsinnig und verscheidend auf dem Boden; dumpf und verworren hörte er die Alte sprechen, den Hund bellen, und den Vogel sein Lied wiederholen. (LT, Band 6, 146)

Das klingt vergleichsweise übersichtlich, dennoch gilt der *Blonde Eckbert* nicht nur als ein genuin romantischer, sondern wegen seiner unauflösbaren Rätselhaftigkeit zugleich auch als ein beispielhaft moderner Text. Warum dies so ist, möchte ich an einigen ausgewählten Aspekten zeigen.

Die Binnenerzählung Berthas bedient zwar das geläufige, romantische Dreistufenschema, aber sie dreht es – und auch darin zeigt sich die Originalität der Erzählung – um. In der Regel haben wir es mit einem paradiesischen Urzustand, der Vertreibung aus selbigem und zumindest mit der Hoffnung auf eine Rückkehr in ein solches Stadium zu tun. Dieses Schema wird hier geradezu pervertiert: Aus + – (+) wird in der Binnenerzählung – + –. Umgedreht wird auch das Gleichnis vom *Verlorenen Sohn*, das das Märchen intertextuell fortschreibt: Der Sohn ist hier eine Tochter, und als diese dann nach Hause zurückkommt, sind die Eltern, die möglicherweise gar nicht ihre Eltern sind, schon längst tot. Doch zurück zum pervertierten triadischen Schema: Bertha kommt aus der »Hölle«. Die Hölle, so heißt es einmal in Sartres *Geschlossener Gesellschaft*, das sind immer die anderen. Die anderen, das sind in Tiecks bzw. Berthas Erzählung zunächst jene, die die kulturgeschichtlich noch relativ neue Form der Kleinfamilie ausmachen. In der Binnenerzählung erscheint die dörfliche Kleinfamilie als ein Ort, in dem der ökonomische Niedergang sein grausames, den Familienverbund wie auch die Psyche der Einzelnen zersetzendes Werk treibt (das ist nicht untypisch für die Märchengattung, denkt man etwa an *Hänsel und Gretel*). Bertha erzählt:

»Die Haushaltung bei meinen Eltern war nicht zum besten bestellt, sie wußten sehr oft nicht, wo sie das Brot hernehmen sollten. Was mich aber noch weit mehr jammerte, war, daß mein Vater und meine Mutter sich oft über ihre Armut entzweiten, und einer dem andern dann bittere Vorwürfe machte.« (LT 6, 127f.)

Kurzum: das »stahlharte Gehäuse« des ökonomischen Prinzips regiert und deformiert die dörfliche Kleinfamilie. Die zur Ungeschicklichkeit neigende, romantische Tagträumerin Bertha, mit ihrem Hang zu »wunderbarsten Phantasien« und zu »seltsamen Vorstellungen«, ereilt die Strafe jener, die den Fleiß nicht aufbringen können oder wollen, ein nutzbringendes Glied im ökonomischen Verwertungskreislauf sein zu wollen: Ihr Vater »züchtigte« sie »auf die grausamste Art« (LT 6, 128). Wie in Trance flieht Bertha durch das Gebirge und findet schließlich – vorübergehend – das Paradies in der Hüttengemeinschaft mit der Alten und dem Vogel:

»Mir war, als wenn ich aus der Hölle in ein Paradies getreten wäre, die Einsamkeit und meine Hülflosigkeit schienen mir nun gar nicht mehr fürchterlich.« (LT 6, 131)

Aber wie der biblische Garten Eden hält auch dieses Paradies eine Versuchung zum Sündenfall bereit. Ganz wie in der biblischen Erzählung vom Baum der Erkenntnis wird auch Berthas Hüttenzauber gebrochen durch ihre erwachende Sexualität und ihren Drang nach wachsender Erkenntnis: »aber die Sucht, etwas Neues zu sehen, trieb mich vorwärts«. Bertha ist »ohngefähr zwölf Jahr alt«, da reckt die Libido, vermittelt durch das Erkenntnismedium der damaligen Zeit schlechthin – das Buch, mithin das Lesen – ihr hässliches Haupt:

Aus dem wenigen, was ich las, bildete ich mir ganz wunderliche Vorstellungen von der Welt und den Menschen [...] Ich hatte auch von Liebe etwas gelesen und spielte nun in meiner Phantasie seltsame Geschichten mit mir selber. Ich dachte mir den schönsten Ritter von der Welt, ich schmückte ihn mit allen Vortrefflichkeiten aus [...](LT 6, 135)

Doch nicht nur der Eros der mit sich selbst spielenden Bertha ist erwacht – auch in der biblischen Vertreibungsgeschichtet geht es ja um Sexualität *und* Erkenntnis –, sondern ebenso der Verstand; allerdings, wie es sich beim Menschen so gehört, mit einer gewissen Zeitverschiebung:

Ich war jetzt vierzehn Jahr alt, und es ist ein Unglück für den Menschen, daß er seinen Verstand nur darum bekömmt, um die Unschuld seiner Seele zu verlieren. (LT 6, 136)

Mithilfe des erwachten Verstandes erkennt die Paradiesbewohnerin, die »wohl von Reichtümern gelesen hatte«, den materiellen Wert der Perlen und Edelsteine, die sich in den vom Vogel gelegten Eiern befinden, und in ihr verbindet sich die Gier nach ökonomischen Gütern mit der Sehnsucht nach dem anderen Geschlecht, denn mithilfe des Reichtums will sie hinaus in die Welt um »den überaus schönen Ritter anzutreffen, der mir immer noch im Gedächtnisse lag« (ebd.). Der Diebstahl führt zu ökonomischem Eigentum und dies wiederum scheint zur Grundlage weiterer, anders gelagerter Glückseligkeiten werden zu können. Doch mit dem (entwendeten) Eigentum wächst – und somit begibt sich Bertha auf den Weg in die Hölle zurück – wie ein Krebsgeschwür jene Gemütsverfassung heran, die die gesamte Erzählung von nun an durchziehen wird, der Argwohn:

> Jetzt wandelte mich oft eine Furcht vor meiner Aufwärterin an, ich dachte an mich selbst zurück, und glaubte, daß sie mich auch einst berauben oder wohl gar ermorden könne. (LT 6, 140)

Einfach und märchenhaft, eben romantisiert, d.h. übersetzt in einfache Sprache (»lingua romana«, wie es bei Novalis heißt), wird hier eine der seit Rousseau zentralen Thesen über den Zusammenhang von Eigentumsbildung, dem Heraufdämmern der bürgerlichen Gesellschaft und dem moralischen Niedergang des Menschen exemplifiziert.

Bertha findet zwar mit Eckbert ihren ersehnten Ritter, aber im pervertierten Dreierschema der Erzählung ist dies keineswegs der Schritt ins erträumte Paradies, sondern sozusagen der Anfang vom Ende. Mit dem Argwohn ist es wie bei Kafkas *Landarzt*: »Einmal dem Fehlläuten der Nachtglocke gefolgt – es ist niemals gutzumachen.«

Mit Blick auf das Fehlläuten der Nachtglocke fällt noch eine weitere Perversion eines romantischen Topos ins Auge. Gemeint ist hier das gesellige Erzählen, das ja nicht zuletzt in der Jenaer Theorie und Praxis der frühromantischen Geselligkeit den Rahmen abgeben soll für die »Sympoesie«. Auch im *Eckbert* wird erzählt: Bertha erzählt Walther im Beisein Eckberts am Kaminfeuer ihre Kindheitsgeschichte. Dieses Beisammensitzen und Erzählen wird noch oft den Rahmen großer romantischer Erzählsammlungen bilden: Man denke an Tiecks eigenen *Phantasus*, an Hoffmanns *Serapionsbrüder*. Die sinnstiftende Funktion eines solchen gemeinschaftlichen Sich-Erzählens hat natürlich eine lange Tradition, etwa Boccaccios *Decamerone* oder in *Tausendundeine Nacht*, wo Scheherazades Erzählen gleichsam zum Garant ihres Überlebens wird. Im *Eckbert* ist das Gegenteil der Fall: Erst dadurch, dass Bertha überhaupt ihre Geschichte erzählt, scheint der Argwohn Eckberts geweckt zu werden und die Erzählung ihren fatalen Verlauf zu nehmen. Im Anfang war das Wort, sozusagen, und das Wort war bei Bertha. Aber wir sehen, dass das nicht gut ist und nicht gut geht, denn: einmal dem Fehlimpuls des Erzählens gefolgt – es ist niemals gutzumachen.

Bisher muss es so scheinen, als gäbe es im *Eckbert* eine klare Erzählstruktur aus zwei Rahmenerzählpartien und einer eingelagerten Binnenerzählung. Dem ist aber nun keineswegs so. Denn nichts ist oder bleibt im *Eckbert* so, wie es »gewöhnlich« ist. Dies gilt natürlich auch auf inhaltlicher Ebene: Dreimal taucht das Wort »gewöhnlich« allein in den ersten beiden Absätzen der Erzählung auf, wie um durch seine Häufung den Leser bereits am Anfang des Textes darauf vorzubereiten, dass von einer solchen »Gewöhnlichkeit« am Ende nichts mehr übrig sein wird. Bei genauerer Betrachtung nämlich zeigt sich, dass die Binnenerzählung in den Rahmen fällt, und sich zugleich die Rahmen- in die Binnenerzählung drängt. Die Erzählforschung hat für eine solche Grenzverwirrung, einen solchen Kurzschluss zwischen den Ebenen den Begriff der Metalepse geprägt. Die Metalepse im *Eckbert* verdichtet sich in einem genau zu kennzeichnenden und in der Erzählung auch genau gekennzeichneten, nämlich kursivierten Wort:

> Walther wünschte ihr mit einem Handkusse eine gute Nacht, und sagte: Edle Frau, ich danke Euch, ich kann mir Euch recht vorstellen, mit dem seltsamen Vogel, und wie Ihr den kleinen *Strohmian* füttert. (LT 6, 140)

Der Leser wähnt sich bereits glücklich wieder im zweiten Teil der Rahmenerzählung angekommen, als die Binnenerzählung durch »Strohmian« – Bertha hatte diesen Namen in ihrer Erzählung gar nicht erwähnt – sozusagen in die Rahmenerzählung wieder hineinlappt. Die Grenze zwischen dem Innen und dem Außen der Erzählungen wird somit porös und in Frage gestellt. Auf formaler Ebene spiegelt sich hier zugleich das wider, wovon die Erzählung eben *auch* handelt: von der Ununterscheidbarkeit zwischen Innen und Außen, von der Unmöglichkeit zwischen Traum und Wirklichkeit zu unterscheiden und von der Auflösung der Figurenidentitäten. Dies verleiht der Erzählung Tiecks ihr von der Literaturwissenschaft immer wieder betontes Gepräge der Modernität. Die Unmöglichkeit, zwischen Traum und Wirklichkeit noch unterscheiden zu können, wird im Text selbst thematisiert, denn Eckbert

> konnte sich nicht aus dem Rätsel heraus finden, ob er jetzt träume, oder ehemals von einem Weibe Bertha geträumt habe; das Wunderbarste vermischte sich mit dem Gewöhnlichsten, die Welt um ihn her war verzaubert, und er keines Gedankens, keiner Erinnerung mächtig. (LT 6, 145)

Ähnlich wie Eckbert geht es aber auch dem rechtschaffenen Leser der Erzählung, muss er sich doch ein Bündel an Fragen stellen, auf die der Text eindeutige Antworten verweigert. Darin zeigt sich seine Modernität – und sein Überschreiten einer aufklärerischen Poetologie, denn das Wunderbare wird hier gerade nicht aufgelöst und auf Bekanntes zurückgeführt.

Unklar bleibt etwa, welcher Status eigentlich der Erzählung Berthas zukommt: Zwar versichert sie ihrem Zuhörer ausdrücklich, er solle ihre »Erzählung für kein Märchen« halten, dennoch beschleichen ihn beim genauen Lesen Zweifel, ob der Eintritt ins Paradies doch nur geträumt ist oder ob ihre Flucht überhaupt stattgefunden hat. Jedenfalls scheint es gerade die Phantasie, die eigentlich im romantischen Diskurs ja so hoch bewertete Vorstellungskraft des Menschen, zu sein, die – wenn sie zügellos wird – den Menschen ins Verderben treibt.

Zurück zur Rahmenerzählung, die ja eigentlich gar keine mehr ist: »Gott im Himmel! sagte Eckbert stille vor sich hin, – in welcher entsetzlichen Einsamkeit hab ich dann mein Leben hingebracht!« (LT 6, 145), als er von der angeblichen Identität Walthers und Hugos mit der Alten erfährt. Eben diese Frage drängt sich auch dem Leser auf: Wie einsam war Eckbert oder wie sieht es mit der Identität der Protagonisten außerhalb Eckberts ›wirklich‹ aus? Gibt es niemanden außer ihm und die gesamte Erzählung ist lediglich eine Ausgeburt seines Wahnsinnes bzw. seiner Melancholie, die dann in Wahnsinn mündet? Immerhin wird er gleich zu Beginn des Textes als ein Charakter von einer gewissen »Verschlossenheit, eine[r] stille[n], zurückhaltende[n] Melancholie« (LT 6, 126) eingeführt und am Ende erscheint ihm »sein Leben [...] mehr wie ein seltsames Märchen, als wie ein wirklicher Lebenslauf« (LT 6, 143). Auch Eckbert handelt ja – ähnlich wie Bertha – eher wie im Traum, so etwa, wenn er »ohne zu wissen was er tat«, Walther ermordet (LT 6, 142). Und die Einsamkeit ist schließlich auch eines jener Hauptmotive des Textes, das in dem mehrfach vorkommenden, zirkulär strukturierten Gedicht von der *Waldeinsamkeit* thematisiert wird.

Wie steht es mit der behaupteten Identität von Walther, Hugo und der Alten? Entspringt sie lediglich einer Wahnvorstellung Eckberts, als Ausdruck seines schlechten Gewissens – oder handelt es sich um den märchenhaften, nicht mehr erklärbaren Einbruch des Wunderbaren in die gewöhnliche Welt? Schon mit ihren Namen, so kann man es lesen, geben sich die Figuren als leicht variierte Verschiebungen und Verdopplungen zu erkennen: ›Eckbert‹ unterhält ebenso ein Ähnlichkeitsverhältnis zu ›Bertha‹ wie die ›Alte‹ zu ›Walther‹ (sie ist in ›Walther‹ sozusagen anagrammatisch enthalten). Für wie bedeutungsvoll man diese Namens- und

Zeichenspiele im Gesamtkontext der Erzählung auch immer halten mag, klar ist, dass im Kontext der Erzählung nichts mehr klar ist: Die Identitäten geraten ins Schwimmen, sie diffundieren und die Problematik der Identitätsfindung und -bildung des modernen Subjektes ist selbst eines der zentralen Themen eines Textes, der sich verweigert, für diese Probleme noch Lösungen anzubieten. Der *Eckbert* zielt auf wiederholte Lektüre und »wiederholen« ist auch das letzte Wort in Tiecks Märchenerzählung.

Zum Drama der Romantik – *Der Gestiefelte Kater* oder: Eine romantische Beobachtung aufklärerischer Romantikbeobachtung

Bis auf ganz wenige Ausnahmen sind die Dramen der Romantik nicht sonderlich erfolgreich gewesen. Das gilt sowohl für ihre Karriere auf der Theaterbühne als auch für ihren Status im literarischen Lektürekanon. Die romantischen Vorlieben für fragmentarische Unendlichkeit und selbstreflexive Brüche reiben sich mit den gattungsspezifischen Forderungen nach Handlung und Entscheidung. Verglichen mit den theaterwirksamen Stücken Schillers oder den populären Stücken eines Iffland und Kotzebue fiel das Urteil über romantische Dramen zumeist reserviert aus. Geradezu legendär ist jene immerhin von Goethe 1802 in Weimar ins Werk gesetzte Aufführung von Friedrich Schlegels Historiendrama *Alarcos* (1802): Die Zuschauer sollen das Drama dergestalt missverstanden haben, dass sie an den tragisch intendierten Stellen so laut zu lachen begannen, dass der erzürnte Geheimrat mehrfach mit der Aufforderung »Man soll nicht lachen!« eingreifen musste. Romantische Dramen waren in der Regel Lesedramen, oft Geschichtsdramen, die wenig Rücksicht auf Bühnentauglichkeit nahmen. Eine Ausnahme bilden die Dramen Kleists, die aber nicht so ohne weiteres zur literarischen Romantik gerechnet werden können. Die Gründe für diese Misserfolgsgeschichte des romantischen Dramas können hier nur skizzenartig angedeutet werden: Ein vergleichsweise banaler, aber im Blick auf die Umsetzbarkeit nicht zu unterschätzender Aspekt ist die Länge. Brentanos *Die Gründung Prags* (1815) etwa, der erste Teil einer geplanten Trilogie, ist allein schon über 9000 Verse, d.h. mehrere hundert Seiten lang und zudem noch mit Anmerkungen versehen. Arnims *Halle und Jerusalem* (1811) ist ein auf 400 Seiten ausuferndes Doppeldrama. Auch Zacharias Werners Dramen, wegen ihrer überzogenen Melodramatik und Opernhaftigkeit vielfach parodiert, unterschreiten selten einen Umfang von 200-300 Seiten. Dies legt den berechtigten Schluss nahe, dass die meisten der romantischen Dramen auf Aufführbarkeit erst gar nicht angelegt sind. In erster Linie sind und bleiben sie Schrift und intertextuelle Um- und Überschriften vorgängiger Texte. Eine weitere Besonderheit – und wiederum auch ein Aufführungshindernis – ist das in der frühromantischen Poetologie ja explizit angelegte Überschreiten oder Verwirren der Gattungsgrenzen und der Stillagen. Dies macht die romantischen Dramen nicht selten zu extremen Hybridformen.

Eine Ausnahme bleibt Tiecks *Gestiefelter Kater*, das 1797 erschienene *Kindermährchen in drei Akten, mit Zwischenspielen, einem Prologe und Epiloge* (so der Untertitel), das die scheiternde Aufführung eines Märchens zeigt und bei dem durchaus gelacht werden darf. Zwar bleibt auch die Aufführungsgeschichte des *Katers* relativ überschaubar (Uraufführung am 20.04.1844 in Berlin, Wiederaufführungen und Neubearbeitungen 1921 und 1963, seitdem ist das Stück zwar an deutschen Bühnen nicht ständig präsent, doch taucht es immer wieder einmal auf), allerdings ist hier die Aufführungsgeschichte nicht identisch mit der Wirkungsgeschichte. Tiecks Märchendrama hat es als eines der ganz wenigen romantischen Dramen bisher in den Literaturkanon geschafft und seine Wirkung auf die moderne Dramatik gilt als unumstritten. Vom romantischen Reflexionstheater Tiecks, einem Theater, das sich selbst und die Bedingungen seiner Möglichkeit ganz im Sinne Friedrich Schlegels permanent zum Thema macht, führt eine direkte Linie zum antiillusionistischen epischen und absurden Theater des 20. Jahrhunderts.

Der Inhalt des Stückes, der im Wesentlichen der des 15 Jahre später durch die Gebrüder Grimm bekannt gewordenen Kindermärchens ist, ist keine originelle Schöpfung Tiecks, sondern – ganz im Sinne der romantischen Forderung nach Progressivität – eine intertextuelle Überschreibung des Perrault'schen *Le Maistre Chat* von 1697. In der Mischung von Drama und Märchen lehnt sich Tieck an den späten Nachfahren der Commedia dell'arte, Carlo Gozzi, an.

Gottlieb, dem jüngsten von drei Brüdern, scheint nach dem Tode das geringste Erbe zuzufallen: der Kater Hinze. Doch verspricht ihm dieser, ihm zum Glück und zu einem Königreich zu verhelfen, wenn er ihm nur ein paar Stiefel anmessen ließe. Gottlieb opfert dafür sein Geld, und dem dergestalt Gestiefelten gelingt es, seinem Besitzer mit List nicht nur das Land des bösen Nachbarkönigs in die Hand zu spielen, sondern ihm als angeblichem Grafen von Carabas auch die Gunst des Landesherren und dessen Tochter zu gewinnen. Die scheiternde Aufführung dieses Märchens wird nun aber selbst noch einmal zum parallel im Stück verhandelten Thema. Das Publikum spart nämlich nicht mit Zwischenbemerkungen und meldet während der z.T. recht unwahrscheinlichen Vorgänge auf der Bühne Bedenken an: Das Stück biete keinen »festen Standpunkt« und man könne unmöglich in eine »vernünftige Illusion« hineinkommen. Der Dichter muss auf der Bühne erscheinen um die Wogen zu glätten. Das gelingt aber erst dem hinzugezogenen »Besänftiger« des Königs mit seinem Glockenspiel und einem Arsenal tanzender Bären und anderer Tiere sowie durch die Einlage eines nicht geplanten »Balletts«. Zu Beginn des dritten Aktes hebt sich der Vorhang zu früh, so dass der Dichter im Gespräch mit dem Maschinisten auf der Bühne überrascht wird. Nun muss der Hanswurst hervortreten und das empörte Publikum erneut beruhigen, was er dazu benutzt, sich zur Empörung des Dichters über die Kargheit seiner Rolle zu beschweren. Im Epilog schließlich stellt sich der Dichter noch einmal dem unzufriedenen Publikum, woraufhin »aus dem Parterre mit verdorbenen Birnen und Äpfeln und zusammengerolltem Papier nach ihm geworfen« wird, bis er sich endgültig zurückzieht.

Sicherlich, Tieck ist nicht der Erste, der im Theater diese ›Spiel-im-Spiel‹-Situation schafft. Er folgt damit dramaturgisch einer Tradition, die sich bereits von Aristophanes' *Vögeln* herschreibt und die in den Werken Shakespeares, den Tieck außerordentlich bewundert, zur beispielgebenden Reife gelangt (*A Midsummer Night's Dream, Hamlet*). Neu bzw. typisch für Tieck ist indes der Umstand, dass das Verwirrspiel mit den Ebenen qua Metalepse, im *Eckbert* noch Quelle des Schreckens und Grauens, im *Gestiefelten Kater* zum ironischen Strukturierungsmittel des gesamten Dramas wird. Man könnte fast von einer fortschreitenden Metalepsie sprechen, die dem Stück seine Kontur verleiht (und sie ihm zugleich auch wieder nimmt). Die Grundkonstellation des Tieck'schen ›Theater-im-Theater‹-Arrangements ist folgende: Ein Publikum wird dabei beobachtet, wie es die Aufführung eines Stückes mit dem Titel *Der gestiefelte Kater* beobachtet. Die Publikumsbeobachtung bildet also gleichsam die Rahmenhandlung und das beobachtete Stück die Binnenhandlung. Im Laufe des Stücks mischen sich dann Rahmen- und Binnenhandlung immer weiter und durchdringen einander, denn: Das Publikum macht sich während der Dauer des Stückes ständig bemerkbar, indem es immer wieder in das Bühnengeschehen hineinspricht, um seine Erwartungen und Reaktionen kund zu tun. Das Phantastische und Märchenhafte, das ihm im Stück präsentiert wird, verstößt gegen die als philisterhaft dargestellten Konventionen (s)eines aufgeklärten und rührselig-empfindsamen Theatergeschmacks:

> »FISCHER: Wie? Ohne Musik? Ohne Musik, Freund ist dergleichen abgeschmackt, denn ich versichre Sie, Liebster, Bester, nur durch diese himmlische

Kunst bringen wir alle die Dummheiten hinunter. Ei was, genau genommen sind wir über Fratzen und Aberglauben weg; die Aufklärung hat ihre Früchte getragen, wie sich's gehört.« (LT 6, 493)
»LEUTNER: Wir haben bezahlt, wir machen das Publikum aus, und darum wollen wir auch unsern eigenen guten Geschmack haben und keine Possen.« (LT 6, 495)
»DIE KUNSTRICHTER (im Parterre): Der Kater spricht? – Was ist denn das?
FISCHER: Unmöglich kann ich so in eine vernünftige Illusion hinein kommen.« (LT 6, 499).

Somit spielt das Drama auf unterschiedlichen Ebenen, die sich voneinander abheben, aber auch permanent zueinander ins Verhältnis treten, zumal nicht nur das Publikum auf die Bühne, sondern mehrfach auch die Bühne auf das Publikum reagiert. Neben der Ebene der Bühnenhandlung kommt dann auf der Ebene des Publikums als drittes Element noch die Produktionsseite mit Dichter, Schauspielern (die aber zugleich als Figuren der Bühnen-, also auch der Binnenhandlung erscheinen), Maschinist und Bühnentechnik sowie Bühnenbild ins Spiel.

Man kann Tiecks Stück gewiss als Satire ansehen: als Satire auf den zeitgenössischen philisterhaften Geschmack eines aufgeklärt-empfindsamen Publikums, als Literatursatire, als politische Satire. Das Satirische ist jedoch nicht sein einziger Zug. Ein weiterer liegt vielmehr im Spiel mit Fiktion und Wirklichkeit, mit Schein und Sein.

Dieses sich steigernde »Spiel mit Fiktion und Wirklichkeit« (Pikulik) gründet auf den Metalepsen. Im dritten Akt schließlich, wenn die Situation der Theateraufführung selbst endgültig in den Mittelpunkt rückt, erreicht dieses Spiel seinen verwirrenden Höhepunkt. Der Vorhang öffnet sich und die Zuschauer sehen Figuren, die zwar in der Szene (in Gottliebs Stube), aber nicht im Stück sind, die vielmehr über das Stück sprechen: den Dichter und den Maschinisten, die nicht bemerkt haben, dass der Vorhang aufgezogen worden ist. Es ist dann endlich der Hanswurst, der den längst von beiden Seiten vollzogenen Bruch des Fiktionsvertrages artikuliert, indem er ankündigt:

»HANSWURST: [...] jetzt rede ich ja zu Ihnen als bloßer Schauspieler zu den Zuschauern, nicht als Hanswurst, sondern als Mensch, zu einem Publikum, das nicht in der Illusion begriffen ist, sondern sich außerhalb derselben befindet [...]
SCHLOSSER: Adieu! Nun geht's fort mit mir, ich schnappe über.« (LT 6, 540)

Erneut sagt der Narr die Wahrheit, als er ausdrücklich die Differenz zwischen den Bedingungen der Aufführung und der Aufführung selbst benennt:

»Der Vorhang war zu früh aufgezogen. Es war eine Privatunterredung, die gar nicht auf dem Theater vorgefallen wäre, wenn man zwischen den Kulissen nur etwas mehr Raum hätte. Sind Sie also illudiert gewesen, so ist es wahrlich um so schlimmer, und es hilft nichts, Sie müssen dann so gütig sein und die Mühe daran setzen, diese Täuschung aus sich wieder auszurotten [...].« (ebd.)

Dann fordert er das Publikum auf, sich von nun an zugunsten eines harmonischen Spielablaufs selbst zu verstellen: »Lassen Sie uns heut das miserable Stück zu Ende spielen, tun Sie, als merken Sie gar nicht, wie schlecht es ist [...]« (LT 6, 541). Während so die Illusionsbildung an das Publikum übertragen wird, findet die Beurteilung des Märchens, die der Dichter ursprünglich den Zuschauern angetragen hatte, nunmehr auf der Bühne statt; in einer vom König initiierten Disputation verhandeln Hanswurst und Hofgelehrter darüber, ob ein »neuerlich erschienenes Stück: *der gestiefelte Kater*, ein gutes Stück sei« (LT 6, 546).

Gegenstand ist unter anderem das Publikum, das Leander als »gut [...] gezeichnet« lobt, das sich selbst aber keineswegs angesprochen fühlt. Hier liegt eine erneute Metalepse und ein Logiksprung vor: diesmal von der Binnenhandlungsebene auf jene Beobachtungsebene, von der aus Rahmen- und Binnenhandlung als zusammengehörig beobachtet werden können. Dies führt zu dem absurden Phänomen, dass sich die Figuren einerseits auf der Ebene des Lesers dieses Stückes befinden, andererseits aber beide immer noch vom Leser beobachtet werden können, also nicht auf der gleichen Ebene wie dieser sind.

Der Unterschied zwischen Zuschauen und Darstellen verschwimmt vollends: Die darstellenden Figuren Leander und Hanswurst sind in die Position von Zuschauern gerückt, und die Zuschauer sind unversehens Bestandteil der Darstellung geworden, was sie aber nicht begreifen. Und so kann es zu dem Paradox kommen, dass ein Zuschauer seine Existenz dadurch belegt, dass er sie bestreitet: »FISCHER: Das Publikum? Es kommt ja kein Publikum in dem Stücke vor.« (LT 6, 547)

Indem Tieck nicht nur die Aufführung eines Theaterstücks, sondern auch den Widerstreit ästhetischer Positionen über die Möglichkeiten und Schicklichkeiten des Theaters zu Bestandteilen seines Theaterstücks macht, erfüllt er in geradezu exemplarischer Weise Friedrich Schlegels Forderung nach Transzendentalität. Dieser Effekt hat indes nicht nur eine spielerische, sondern auch eine literaturpolitische Seite: Im *Gestiefelten Kater* ragen die Kämpfe um die Deutungshoheit im literarischen Feld, auch dies im weitesten Sinne eine Form der Metalepse, in den Text selbst hinein, sie werden selbst zum Bestandteil der dargestellten Welt. Dreh- und Angelpunkt dieses

Kurzschlusses zwischen literarischem Feld und literarischem Text, zwischen den Konkurrenzverhältnissen in der Literaturszene in der zweiten Hälfte der 1790er Jahre und deren Einschreibung in das Drama vom *Gestiefelten Kater* ist die Figur des Kunstkritikers Bötticher. Mit Bötticher schreibt Tieck eine kaum verhüllte Karikatur des Weimarer Konsistorialrates, Gymnasialdirektors und Kunstgelehrten Karl August Böttiger in seinen Text ein. Er macht somit den Text selbst, als ausgeweitete Kampfzone, zum Exerzierfeld der Konkurrenz um ein angemessenes Literaturverständnis. Bildungseitelkeit, Belehrungssucht, Gespreiztheit – im Lichte dieser Charaktereigenschaften erscheint die Figur Bötticher im Stück. Sie geht den übrigen Zuschauern mit ihren prätentiösen Wortbeiträgen und Kommentaren zum Stück schließlich dergestalt auf die Nerven, dass sie ihn kurzerhand – »Hinaus! Hinaus! Er ist uns zur Last.« (LT 6, 542) rufend – aus dem Theater nötigen. In den letzten beiden Dekaden des 18. Jahrhunderts ist Böttiger sicherlich einer der einflussreichsten Literaturvermittler und Geschmacks- und Meinungsbildner innerhalb des literarischen Feldes. Böttigers Geschmackshorizont, wie er sich in seinen zahlreichen Abhandlungen über Themen der Kunst präsentiert, orientiert sich an einer aufklärerischen Nachahmungs- und Wirkungspoetik, typisch für seine Schriften ist vor allem eine unkritische Ehrerbietung gegenüber solcher Kunst, die auf gründlicher akademischer Bildung, verstandesallegorischer Raffinesse und naturalistischer Detailtreue basiert. Ein Zug ins gelehrtenhaft Pedantische rückt seine Schriften und Kritiken zudem des Öfteren in die Nähe des unfreiwillig Komischen. Insofern ist die Böttiger-Figur im *Kater*, ja das gesamte Drama selbst auch eine die eigene Position erhöhende Unterscheidungsgeste Tiecks: Um eine Literatur gewordene Selbsterhöhung handelt es sich im wahrsten Sinne des Wortes, denn nicht weniger maßt sich die Konstellation des *Katers* letztlich ja an, als die aufgeklärte Beobachtung der sich konstituierenden Romantik noch einmal zum Gegenstand romantischer Beobachtung zu machen. Transzendentale Gegenspionage sozusagen, mit dem Ziel, die gegnerische Seite – nicht zuletzt am Beispiel Bötticher/Böttiger – in ihrer philisterhaften Borniertheit zu entlarven und im Medium der romantischen Literatur bloßzustellen.

Auffällig bleibt allerdings, dass auch diese romantische Position zumindest im Drama nun gerade keine einseitige oder gar durchgängige Erhöhung erfährt. Die Gleichung Bötticher = Böttiger und Publikum = Aufklärung und Empfindsamkeit mag einigermaßen aufgehen; schwieriger wird es jedoch, den Dichter im Drama ohne Weiteres in Analogie zu Tieck sehen zu wollen. Sicherlich, dessen Statement am Ende des Stückes hätte auch Tieck durchaus beigepflichtet:

> Ich wollte nur den Versuch machen, Sie alle in die entfernten Empfindungen Ihrer Kinderjahre zurück zu versetzen, daß Sie dadurch das dargestellte Märchen empfunden hätten, ohne es doch für etwas Wichtigeres zu halten, als es sein sollte. (LT 6, 562f.)

Aber der *Kater* Tiecks zeigt nun gerade kein Märchen, sondern vielmehr und vor allem das Scheitern der Aufführung eines solchen und artikuliert somit die Skepsis an der Umsetzbarkeit eines romantischen Literaturprogramms, zumindest wenn es sich so unbedarft und naiv äußert wie aus dem Munde des Dichters im Stück, gleich mit. Man könnte so weit gehen und hier – in der Skepsis auch gegenüber dem eigenen romantischen Programm – von jenem »Standpunkt der Standpunktlosigkeit« sprechen, der den Übergang von der bloßen Satire zur romantischen Ironie markiert; eine Ironie, die sich wohlgemerkt nicht nur auf die Positionen der literarischen Gegner, sondern auch auf die eigenen Überzeugungen bereits immer schon mit bezieht. Dann wäre das Stück in der Tat vielleicht, wie es bei Shakespeare im fünften Akt des *Macbeth* (5. Szene) mit barockem Weltdeutungsgestus heißt, »a tale told by an idiot, full of sound and fury, signifying nothing« (»eines Toren Fabel nur, voll Schall und Wahn, jedweden Sinnes bar«). Bezeichnet der *Kater* also letztlich – nichts? Handelt es sich sozusagen um ein sinnvermeidendes Spiel? Transzendentalität gilt ja als eine der wichtigsten Forderungen an die romantische Poesie. Transzendentalität lenkt aber auch den Blick auf jene Passagen eines Textes, in denen er sich – direkt oder indirekt – selbst kommentiert. Im Zwischenakt des dramatischen Kindermärchens heißt es folgendermaßen:

> »FISCHER: Es wird doch immer toller und toller. – Wozu war denn nun wohl die letzte Szene?
> LEUTNER: Zu gar nichts, sie ist völlig überflüssig; bloß um einen neuen Unsinn hinein zu bringen. Den Kater verliert man ganz aus den Augen und man behält gar keinen festen Standpunkt.« (LT 6, 513)

Vielleicht ist diese Klage der Zuschauer, umformuliert in ein Lob des Un-Sinns, sogar die treffendste (Selbst-)Charakterisierung des Tieck'schen Dramas. Bedenkt man, wie viel Unheil und Unfug der von festen Standpunkten aus unternommene Vorsatz, die Welt mit mehr Sinn zu versorgen, schon angerichtet hat, dann erscheint Tiecks Vorsatz, die Welt einfach dadurch zu bereichern, dass er immer wieder »neuen Unsinn« in sie hineinbringt, zumindest als eine bedenkenswerte Alternative.

Weiterführende Literatur

Japp, Uwe / Scherer, Stefan / Stockinger, Claudia (Hrsg.): Das romantische Drama. Tübingen 2000

Scherer, Stefan / Stockinger, Claudia (Hrsg.): Ludwig-Tieck-Handbuch. Erscheint Berlin / New York 2010

Fragmente und Experimente: Der Roman der Romantik

Der Roman ist vom späten 18. Jahrhundert bis weit in das 20. Jahrhundert hinein wahrscheinlich die literarische Ausdrucksform schlechthin. Zugleich ist er jene literarische Form, die der frühromantischen Forderung nach einer Überschreitung der Gattungsgrenzen in besonderem Maße entgegenkommt. Für Friedrich Schlegel ist der Roman, wie er in seinem Brief über den Roman *lakonisch feststellt, nichts anderes als »ein romantisches Buch« (FS 2, 335). Nicht von ungefähr also ist der Roman auch jene Gattung, in der die literarische Frühromantik Texte mit großer Langzeitwirkung hervorbringt.*

Ein kurzer Blick auf die Geschichte des Romans

Wie keine andere Gattung bestimmt und erweitert der Roman, zumindest seit dem 18. Jahrhundert, die Formen und Möglichkeiten des literarischen Ausdrucks. Gleichwohl ist die Geschichte des Romans bis weit ins 18. Jahrhundert hinein zunächst die Geschichte seiner Geringschätzung und Abwertung. Noch Schiller erklärt den Romanschreiber zum »Halbbruder des Dichters«. Kategorisch bezeichnet er in einem Brief an Goethe die Romanform wegen ihrer Formlosigkeit für »schlechterdings nicht poetisch« (20. Oktober 1797). Erst seit dem späten 18. Jahrhundert, parallel also zur fortschreitenden Ausbildung der bürgerlichen Gesellschaft, kann sich der Roman auch im deutschsprachigen Bereich in Theorie und Praxis etablieren (man denke hier etwa an Friedrich von Blanckenburgs 1774 erschienenen *Versuch über den Roman* oder Goethes im gleichen Jahr veröffentlichten *Werther*), um dann seit dem 19. Jahrhundert in einer kaum mehr kategorisierbaren Vielfalt das literarische Feld konkurrenzlos zu dominieren. Die Geschichte des Romans ist wesentlich auch eine Geschichte der fortschreitenden Differenzierung, Raffinierung, Komplizierung und Problematisierung sowohl der in den Romanen erzählten Geschichten als auch des Erzählens selbst. Nicht erst in der klassischen

Moderne des 20. Jahrhunderts, sondern bereits im ausgehenden 18. Jahrhunderts lässt sich beobachten, wie der Roman in zunehmendem Maße selbstreflexiv wird: Nicht nur die Romane Joyces, Faulkners, Manns, Döblins und anderer, sondern schon diejenigen Friedrich Schlegels, Novalis', Hölderlins oder Bonaventuras liefern die romantheoretischen Überlegungen zur Gattung gleich in ihren jeweiligen Romanen selbst mit. Denn schon in der zweiten Hälfte des 18. Jahrhunderts erlebt die kaum etablierte Gattung eine experimentelle Phase, denkt man etwa an Laurence Sternes *Tristram Shandy* (1759/67) oder Diderots *Jacques le fataliste*, den Schiller in Teilübersetzungen in Deutschland schon im Laufe der 1780er Jahre bekannt macht. Ein halbes Dutzend Romane, die zwischen 1797 und 1804, während jener kurzen Friedensphase vor den napoleonischen Kriegen also, im engeren oder weiteren Umkreis der Romantik erscheinen, markieren zugleich die »Anfänge des europäischen Experimentalromans« (Gerhard Schulz): Hölderlins *Hyperion* (1797-99), Tiecks *Franz Sternbalds Wanderungen* (1798), Friedrich Schlegels *Lucinde* (1799), Novalis' *Heinrich von Ofterdingen* (geschrieben 1799/1800, veröffentlicht 1802), Clemens Brentanos *Godwi* (1800-02) und die *Nachtwachen* des Bonaventura (1804). Alle diese Romane haben einen gemeinsamen literaturgeschichtlichen Bezugspunkt: Goethes 1795/96 erschienenen Roman *Wilhelm Meisters Lehrjahre*. Sei es im Positiven wie bei Friedrich Schlegel, für den die Anerkennung des deutschsprachigen Romans als literarisch wesentlich mit dem *Meister* zusammenhängt, weshalb er Goethes Roman im 216. *Athenäums*-Fragment in einem Atemzug mit der französischen Revolution und Fichtes Wissenschaftslehre zu den »größten Tendenzen des Zeitalters« (FS 2, 198) erklärt; sei es im Negativen wie bei Novalis, der Goethes Roman nach anfänglicher Begeisterung wegen seiner »oeconomische[ṅ] Natur« als ein »im Grunde [...] fatales und albernes Buch« (N II, 806) bezeichnet und der mit seinem *Heinrich von Ofterdingen* gar einen »Anti-Meister« vorzulegen bestrebt ist.

Drei dieser experimentellen Romane der Romantik sollen im Folgenden exemplarisch vorgestellt werden.

Skandal, Allegorie, Arabeske und Liebe als Passion: Friedrich Schlegels *Lucinde* (1799)

»Entschlage dich nur vorläufig«, so warnt Friedrich Schlegel in einem Brief über die *Lucinde* seinen damaligen Freund Schleiermacher, »alles dessen, was man bei der Ueberschrift Roman zu denken gewohnt ist« (FDES,

151f.). Diese Warnung mag durchaus am Platze gewesen sein, erschien doch den zeitgenössischen Lesern Friedrich Schlegels einziger Roman als ein Skandal gleich in doppelter Hinsicht: Zum einen, weil er in formaler Hinsicht in der Tat mit fast sämtlichen gängigen Erwartungen an einen Roman radikal bricht; zum anderen inhaltlich, weil er als ein in gleichem Maße unmoralischer wie unverschlüsselter Schlüsselroman gelesen wurde, in dem Schlegel seine offenbar geistig wie körperlich gleichermaßen stimulierende Liebe zur sieben Jahre älteren und mit einem anderen Mann in einer Konventionsehe verheirateten Dorothea Veit feiert.

Zur Biographie Friedrich Schlegels

An Friedrich Schlegel, 1772 in Hannover geboren, schieden und scheiden sich die Geister. Für die einen war und ist er der vielleicht genialste Kopf der Frühromantik, für die anderen war und bleibt er ein polemischer, aber unpoetischer Scharlatan, der seine Positionen und Meinungen je nach persönlichem Belieben und den Zeitumständen wechselt wie andere ihre Hemden. Brüche und Widersprüche sind denn auch charakteristisch für das Leben und das Werk dieses wichtigen Theoretikers der Frühromantik. Schon zu Lebzeiten war er wegen seiner herausfordernden Ansichten einerseits und wegen seines späteren uneingeschränkten Katholizismus andererseits umstritten. Entsprechend exzentrisch nimmt sich sein Lebenslauf aus: Er wächst auf als schwer erziehbares Sorgenkind in einer traditionsreichen und gebildeten Bürgerfamilie; auf Weisung des Vaters beginnt er 1788 eine Banklehre in Leipzig, aus der er jedoch schon nach einem Jahr davonläuft. In kürzester Zeit eignet er sich ein profundes Wissen über die Antike an und verschafft sich damit Zugang zur Universität. 1790 beginnt er ein Studium der Rechtswissenschaften in Göttingen, das er 1794 in Leipzig wieder abbricht. In Leipzig mimt er den ›Weltmann‹, feiert den »Müßiggang«, verstrickt sich in Affären, verspielt sein Geld und belastet sich mit hohen Schulden, die er sein Leben lang nicht los wird. Mit 25, als freier Schriftsteller mit abgebrochenem Studium, avanciert er in Jena zum berühmten Autor. Zusammen mit seinem Bruder August Wilhelm gibt er zwischen 1798 und 1800 das *Athenäum* heraus. Zugleich ist Schlegel ein Wissenschaftler mit ungeheurem Arbeitspensum, der der europäischen Philologie und Kunstgeschichtsschreibung ganz neue Kulturen und Perspektiven erschließt: Persien, Indien, Ungarn, das Mittelalter, die Gotik. Zum öffentlichen Skandalon wird Schlegel weniger wegen seiner damals noch republikanisch-revolutionären Gesinnung, sondern aufgrund einer Liebesbeziehung zur noch verheirateten Dorothea Veit, die er zur ›Materialgrundlage‹ seines Skandalromans *Lucinde* macht. – Gut 20 Jahre später, bei der Herausgabe seiner Gesammelten Werke, sind ihm sowohl die *Lucinde* wie auch das *Athenäums*-Projekt zur Peinlichkeit geworden.

Im April 1808 konvertiert er in Köln zum Katholizismus. In Wien schließlich beginnt er eine Karriere als hoher Beamter – im Dienste der Restaurationspolitik Metternichs, die ihn 1815, im gleichen Jahr, in dem ihm der Papst den Christusorden verleiht, schließlich bis in die Position des k.k. Legationsrates führt. Nichtsdestoweniger ist Schlegel aber auch weiterhin schriftstellerisch tätig. Zwischen 1820 und 1823 gibt er die Zeitschrift *Concordia* heraus, die zum zentralen Organ der Wiener Spätromantik um ihn, Adam Müller, Franz von Baader und Zacharias Werner wird. In seinen letzten Lebensjahren hält er in Wien und Dresden Vorlesungen über die *Philosophie des Lebens*, die *Philosophie der Geschichte* und die *Philosophie der Sprache und des Wortes*. Am 12. Januar 1829 stirbt er in Dresden.

Zum Inhalt des Romans

Die Probleme mit Schlegels *Lucinde* beginnen schon, wenn man über ihren Inhalt zu sprechen beabsichtigt. Kann man doch darüber gar nicht reden, ohne zugleich auch die Form des Romans zu thematisieren. Die *Lucinde*, die den Untertitel »Bekenntnisse eines Ungeschickten« trägt, ist kein Roman im herkömmlichen Sinne: Es gibt keine lineare Handlungsführung. Ein erzählender Mittelteil, der in einer der zahlreichen Anspielungen auf Goethes Roman den Untertitel »Lehrjahre der Männlichkeit« trägt, wird von zwei – jeweils sechsteiligen – Seitenteilen flankiert bzw. um- und überrankt, deren jeder aus mehreren untereinander nicht unmittelbar zusammenhängenden und übergangslos verfugten Einzelstücken betrachtenden und reflektierenden, brieflichen und dialogischen Charakters besteht. Der Erzähler dieser ›Ranken‹ ist Julius, der Liebhaber Lucindes, während die »Lehrjahre« von einem sonst an der erzählten Welt nicht beteiligten Erzähler dargeboten werden, wenn auch aus der Perspektive des Julius. Nach Schlegels Plan sollte die nie vollendete Fortsetzung des Romans aus der Perspektive der Frau geschrieben werden. An die Stelle einer durchgängigen, linearen, in sich geschlossenen Handlung scheint die romantisch-ironische Systemlosigkeit getreten zu sein, man könnte sagen: die ›offene‹ Romanform, wie sie im 20. Jahrhundert etwa bei Musil ihre Fortsetzung und Vollendung erfährt.

Zur Form des Romans

Die Form ist allerdings nicht völlig willkürlich, wie die – allerdings nicht auf den ersten Blick erkennbare – thematische Symmetrie der Einzelteile zueinander zeigt. Zugleich ist sie eine ironische Umkehrung der Form des *Wilhelm Meister*, bei der das Innere gleichsam nach außen gekehrt wird: Sind in Goethes *Meister* die *Bekenntnisse einer schönen Seele* als sechstes Buch eingelegt und somit hierarchisch dem Gesamtbau der *Lehrjahre* untergeordnet, so bilden die *Lehrjahre der Männlichkeit* das Mittelstück der *Bekenntnisse eines Ungeschickten*, obwohl sie ereignislogisch den sie umrankenden Passagen vorausgehen und sie bestimmen.

Vorgeschichte und Angelpunkt des Romangeschehens bildet also der Abschnitt *Lehrjahre der Männlichkeit*. Dieser wird allegorisch vertieft und erweitert von den ihn umrahmenden Betrachtungen, die das Hauptthema durch poetologische Überlegungen und durch die Themen Liebe, Tod, Vaterschaft paraphrasieren. Ein Mann gibt in diesem Abschnitt seiner Ehepartnerin, mit der ihn eine allumfassende Liebe verbindet, Rechenschaft über seine vom Glück nicht gerade begünstigten Lebens- und Liebesgeschichten der Vergangenheit. Diesen zum Teil schmerzhaften »Lehrjahren«, einer Mischung aus Liebespein, Überdruss und dekadenter Langeweile, folgt nun die völlige Erfüllung in der geistigen und körperlichen Zweieinigkeit mit Lucinde, der »Lichtbringerin«.

Die ungewöhnliche Form wie der gesamte Roman überhaupt kann als konsequente Umsetzung von Schlegels Romantheorie gelten. Im *Brief über den Roman* etwa heißt es:

> […] dann würde ich Mut bekommen zu einer *Theorie des Romans*, die im ursprünglichen Sinne des Wortes eine Theorie wäre: eine geistige Anschauung des Gegenstandes mit ruhigem, heitern ganzen Gemüt, wie es sich ziemt, das bedeutende Spiel göttlicher Bilder in festlicher Freude zu schauen. Eine solche Theorie des Romans würde selbst ein Roman sein müssen, der jeden ewigen Ton der Fantasie fantastisch wiedergäbe, und das Chaos der Ritterwelt noch einmal verwirrte. (FS 2, 337)

Das heißt mit Blick auf die *Lucinde*: Sie ist ein Roman und zugleich ist sie – ganz im Sinne der frühromantischen Forderung nach Transzendentalität – ein Roman über den Roman. Immer wieder kommentiert der Roman allegorisch sich selbst und seine eigene Form. Die selbstbezügliche, allegorische Rede im Roman lässt sich je nach ihrem Bezugs›punkt‹ in zwei Typen unterteilen. Zum einen gibt es jene Art der allegorischen Rede, die auf den Roman selbst zielt (Transzendentalallegorie; Allegorie des Erzählens) und zum anderen jene Rede, die mit der Erzählung von Julius und Lucinde, d.h. dem Erzählten, zugleich auf die gesamte Menschheit zielt (Allegorie des Erzählten).

Transzendentalallegorie

Hier nur einige Beispiele dafür, wie der Roman über sich selbst spricht: Die »kleine Wilhelmine« (auch dies natürlich eine ironische Anspielung auf den *Meister*) ist nicht nur das gemeinsame Kind von Julius und Lucinde, sie ist zugleich eine Allegorie des Romanes selbst, der ja – wie Wilhelmine als Kind – auch ein ›Produkt‹ der Liebe zwischen Julius und Lucinde ist, die gleichsam als Muse die schöpferische Potenz in ihm weckt. Die Form des Romanes spiegelt sich nun in Wilhelmines frühkindlichen poetischen Versuchen:

> Die Blüten aller Dinge jeglicher Art flicht Poesie in einen leichten Kranz und so nennt und reimt auch Wilhelmine Gegenden, Zeiten, Begebenheiten, Personen, Spielwerke und Speisen, alles durcheinander in romantischer Verwirrung, so viel Worte so viel Bilder; und das ohne alle Nebenbestimmungen und künstlichen Übergänge, die am Ende doch nur dem Verstande frommen und jeden kühneren Schwung der Fantasie hemmen. (FS 5, 14)

Im vierten Stück des ersten Seitenteils, in der *Allegorie über die Frechheit*, stellt sich der Romantyp, den *Lucinde* repräsentiert, selbst als allegorische Figur vor, nämlich als fantastischen Knaben mit einer Maske, wobei diese Maske eine Allegorie des Allegorischen sein soll (FS 5, 17). Maskiert sozusagen, d.h. eben nicht direkt, sondern in Form der Allegorie spricht der Roman über sich selbst. Damit wird der »transzendentale« Charakter des Romanes deutlich. Der Roman spiegelt sich selbst: als Allegorie der Allegorie der Allegorie.

Arabeske

Auch die zugrunde liegende Form des Romans, die Arabeske, wird wiederholt entweder direkt oder eben allegorisch thematisiert. In der bildenden Kunst fungiert die Arabeske als Bezeichnung für ein stilisiertes, plastisch wirkendes Blatt- und Rankenornament. Der Begriff überschneidet sich darüber hinaus auch mit dem des ›Grotesken‹ und meint dann vielfach ineinandergeschlungene Pflanzen-, Tier- und Menschengestalten. Als – wiederum – allegorischer Begriff zur Bezeichnung literarischer Phänomene meint er eine mannigfach verschlungene Stoff-

und Formkomposition. Schlegel erweitert den Roman im *Gespräch über die Poesie* über die Grenzen des Epischen hinaus ins poetisch Allumfassende und kennzeichnet ihn als eine in Arabesken aufgelöste Form.

> Ja diese künstlich geordnete Verwirrung, diese reizende Symmetrie von Widersprüchen, dieser wunderbare ewige Wechsel von Enthusiasmus und Ironie, der selbst in den kleinsten Gliedern des Ganzen lebt, scheinen mir schon selbst eine indirekte Mythologie zu sein. Die Organisation ist dieselbe und gewiß ist die Arabeske die älteste Form und ursprüngliche Form der menschlichen Fantasie. (FS 2, 318f.)

Als Arabeske entpuppt sich nun aber auch die *Lucinde*, umranken doch auch hier – gleichsam symmetrisch – die jeweils sechs Seitenteile scheinbar ungeordnet das Mittelstück. Das Bild der Arabeske taucht im Roman wiederholt auf. In der *Idylle über den Müßiggang*, Paradebeispiel einer kulturkritisch unterfütterten Kritik am »ökonomischen Princip« der Moderne, heißt es etwa:

> Und frei wie es entsprossen ist, dacht' ich, soll es auch üppig wachsen und verwildern, und nie will ich aus niedriger Ordnungsliebe und Sparsamkeit die lebendige Fülle von überflüssigen Blättern und Ranken beschneiden. (FS 5, 26)

Die *Lucinde* erscheint also formal als Versuch, den Eindruck des organisch Gewachsenen, des Unmittelbaren, des Naturhaften zu erzeugen – mit allen Mitteln der Kunst, und das heißt auf hoch reflektierte Weise. Diese Art der Renaivisierung wird sich – allerdings gänzlich anders umgesetzt – auch bei Novalis' *Ofterdingen* finden. In diesem Sinne ist Schlegels *Lucinde* ein Dokument des modernen oder – wie Schiller, dessen kulturkritisches Denken die Strukturen dieser Romanexperimente prägt, es formulieren würde –: des »sentimentalischen« Dichtens und Denkens schlechthin; eines Dichtens und Denkens, das das Natürliche, Unverbildete, Einfache, »Naive«, die fraglose Einbettung des Menschen in seine natürlichen Verhältnisse lobt und das zugleich um den nicht mehr rückgängig zu machenden Abstand des modernen, individualisierten, reflektierenden Menschen von diesen Verhältnissen weiß. Dies gilt für die Form *und* für den Inhalt des Romans. Für die Form, weil im wahrsten Sinne des Wortes – mit der Formwahl der Arabeske – das Natürliche, Gewachsene, nicht Gemachte imitiert wird. Zugleich aber gibt sich das Naturanaloge in gleichem Maße als Gemachtes, mithin als reflektiertes Erzeugnis einer sentimentalischen, reflektierenden Grundhaltung immer wieder zu erkennen, indem der Roman wiederholt – allegorisch oder auch direkt – über seine eigene Form reflektiert. Die *Lucinde* ist, wie die Kunst überhaupt, gemacht *wie* Natur, aber sie *ist* nicht Natur. Inhaltlich zeigt sich dies vor allem in der allegorisch aufgeladenen Rede von der Liebe zwischen Mann und Frau, einer Liebe, die der Roman als Therapiemöglichkeit für die Zerrissenheit des modernen Individuums präsentiert.

Liebe als Passion

Die Liebe, das weiß bereits eine alte Schlagerweisheit, ist ein »seltsames Spiel. Sie kommt und geht von einem zum andern«. Hier erweist sich der Schlager ganz auf der ernüchterten Höhe der soziologischen Theorie. In einem seiner schönsten Bücher – *Liebe als Passion* – geht der Soziologe Niklas Luhmann der Frage nach, woher die uns heute noch prägende Vorstellung von der Liebe, die Semantik der Liebe kommt, wann und wo und warum also die Menschen angefangen haben, über Liebe so zu sprechen, wie sie es heutzutage mehr oder weniger noch immer tun. Luhmann verortet den Beginn der heutigen Liebessemantik grob gesagt in der zweiten Hälfte des 18. Jahrhunderts. Die zunehmende Komplexität und Ausdifferenzierung moderner Gesellschaften, so Luhmann, steigert zunächst die Möglichkeit und Wirklichkeit unpersönlicher Beziehungen. Damit ist gemeint, dass man in modernen Gesellschaften z.B. in der Regel seine Brötchen nicht mehr selbst backt, sondern bei jemandem kauft, der sich auf das Brötchenbacken spezialisiert hat: Für diesen Akt des Brötchenkaufens ist es nun nicht nötig, vielleicht sogar kontraproduktiv, etwas Persönliches über den Brötchenbäcker zu wissen. Dieser unpersönliche Grundzug prägt nach Luhmann moderne Gesellschaften und ermöglicht ihr Funktionieren. Dieser Aspekt der Vervielfältigung, der für die unpersönlichen Beziehungen gilt, kann für persönliche Beziehungen aber gerade nicht gelten: Eine solche Zunahme an persönlichen, intimen Beziehungen würde uns überfordern. Deshalb, so Luhmann, muss das personale Moment an sozialen Beziehungen, das nicht extensiviert, also ausgedehnt werden kann, intensiviert werden:

> Es werden, mit anderen Worten, soziale Beziehungen ermöglicht, in denen mehr individuelle, einzigartige Eigenschaften der Person oder schließlich prinzipiell alle Eigenschaften einer individuellen Person bedeutsam werden. (Luhmann 1982, 14)

Liebe ist demnach ein »Kommunikationsmedium, dem die spezifische Aufgabe zugewiesen wird, kommunikative Behandlung von Individualität zu ermöglichen, zu pflegen, zu fördern.« (Luhmann 1982, 14f.)

Die semantisch auf die Zweierbeziehung projizierte Intimität als Ausnahmefall entlastet somit für das unpersönliche Funktionieren im Regelfall des gesellschaftlichen Lebens. Allerdings, so gibt Luhmann zu bedenken, dieser Ausnahmefall entlastet zwar einerseits, andererseits kann er aber auch zur *Be*lastung werden, denn recht schnell mag sich das einstellen, was der Soziologe als grundsätzliches »Problem der Intimkommunikation« bezeichnet:

> Es geht [...] um die Reproduktion von Sinnüberschüssen, denen man entnehmen kann, dass die Liebe kontinuiert. Das In-der-Welt-des-anderen-Vorkommen-und-daraufhin-handeln-Können muß laufend reaktualisiert werden. Dies erfordert, dass der Handelnde sich beobachtbar macht als einer, der seine Gewohnheiten und Interessen überschreitet. Dies zu wollen, darf nicht wiederum wie ein Gruß, ein Geschenk, ein Abschiedskuß zur Gewohnheit werden; es muß wiederholt werden, ohne die Merkmale des Wiederholtwerdens anzunehmen; oder es muß, da dies nahezu zwangsläufig misslingt, wenigstens in der Intention so verstanden werden. (Luhmann 1982, 44)

Was hat dies nun mit der *Lucinde* zu tun?
Die *Lucinde* ist ein zentrales historisch-semantisches Dokument, an dem sich die Geburt der modernen Liebessemantik aus dem Geiste der Modernekompensation nachverfolgen lässt. Nicht zuletzt ist sie ja das Dokument einer öffentlichen Inszenierung von Intimität, denkt man an die biographische Situation Friedrich Schlegels und Dorothea Veits. Der Roman erscheint zu einem Zeitpunkt, als sich diese Semantik noch nicht flächendeckend durchgesetzt hat. Und die *Lucinde* erscheint deshalb auch als ein Experimentallabor, in dem jene semantische Suppe angerührt wird, die wir uns noch heute immer dann eingebrockt haben, wenn wir verzweifelt den Paartherapeuten aufsuchen oder wenn auf Festen der trunkene Nahtanz zu »I will always love you« oder Ähnlichem praktiziert wird.

Flächendeckend ist die uns heute geläufige Liebessemantik damals also noch nicht etabliert: Zu den weit verbreiteten Annahmen über die Ehe zählte im 18. Jahrhundert die Auffassung, dass sie mit der Liebe, d.h. mit dem, was wir heute darunter verstehen, nicht vereinbar sei. Liebe war ebenso wenig eine notwendige Voraussetzung für Heirat wie Erotik ein zwangsläufiges Element der Ehe. Ehe war ein Zweckbündnis zur Zeugung von Nachkommenschaft. Im Bürgertum galt die Eheschließung als Mittel, den Geschlechtstrieb in geordnete Bahnen zu lenken, im Adel suchte man erotische Vergnügungen vorwiegend außerhalb der Ehe. Mit dieser Auffassung bricht nun die *Lucinde* radikal. Eine Vorstellung von

Liebe, wie Schlegels *Lucinde* sie proklamiert, als Einheit von Geist und Sinnlichkeit, existierte bis dato kaum. Die Verbindung zwischen Julius und Lucinde überwindet alles, was die Ehe als bürgerliche Lebensform prägt: Nützlichkeit und Arbeit, Einkommen und Fortkommen.

Mit Blick auf Luhmann lässt sich Schlegels Roman als ein Text lesen, der für das gerade erst im Entstehen begriffene Problem der permanenten Reaktualisierung der Liebe und für das Problem eines dauerhaften Sinnüberschusses ein neues – letztlich dann aber, weiß man um das Problem –, gar nicht so überraschendes Lösungsangebot unterbreitet: Er mythologisiert/allegorisiert die Intimbeziehung zwischen Mann und Frau, indem er die ›Liebe‹ mit religiöser Semantik dergestalt auflädt, dass sie zugleich zum Zeichen einer ganz allgemeinen Menschheitsbeglückung von kosmischen Ausmaßen wird bzw. werden soll. Dass man zu solchen Zwecken bei der Religion borgt, liegt auf der Hand: Ist doch sie gerade jene gesellschaftliche Instanz, die bisher für die kommunikative Verwaltung von Sinnüberschüssen zuständig war. Diese religiöse und zugleich erotische Aufladung zeigt sich im Text wiederholt:

> Alles ist beseelt für mich, spricht zu mir und alles ist heilig. Wenn man sich so liebt, wie wir, kehrt auch die Natur im Menschen zu ihrer ursprünglichen Göttlichkeit zurück. Die Wollust wird in der einsamen Umarmung der Liebenden wieder, was sie im großen Ganzen ist – das heiligste Wunder der Natur […]. (FS 5, 67)

Mit der Verbindung von Eros und Religion nimmt Schlegel – und mit ihm die Romantik – hier eine alte Tradition auf, die von archaischen Kulten bis zur christlichen Mystik reicht. Kennzeichen dieser Tradition ist es, das Geschlechtliche durchaus mit zu umfassen, als erotische Phantasie oder Praxis. Anders als die empfindsame Liebe, die prinzipiell nur seelisch und geschlechtslos ist, huldigt die romantische auch dem Körperlich-Sinnlichen.

In der Vereinigung von Mann und Frau vollzieht sich, mythologisch gesehen, immer wieder aufs Neue die ›Hierogamie‹, die Hochzeit zwischen Himmel und Erde, ein in den alten Mythen weit verbreitetes kosmogonisches Muster, das noch in Eichendorffs Gedicht *Mondnacht* (s. S. 94ff.) zu erkennen ist. Und sind die gegensätzlichen Pole des Männlichen und des Weiblichen, die mit dem Verlust der noch androgynen Kindheit auseinanderklaffen, wieder vereint, symbolisiert das Paar die Wiederherstellung der Ganzheit, die ein Attribut des Goldenen Zeitalters ist. Die ebenfalls im alten mythischen Denken wurzelnde Analogie von Makrokosmos und Mikrokosmos lässt die Liebenden sodann einander wechselseitig zum Erlebnis der ganzen Welt werden.

Mehr Sinn kann man der Zweierbeziehung wohl kaum – im wahrsten Sinne des Wortes – ›andichten‹. Als historisch neu erscheint aber nicht nur die semantische Aufladung der Intimbeziehung im Allgemeinen, sondern auch das von Schlegel in der *Lucinde* entworfene Frauenbild im Besonderen. Nicht ohne Grund trägt der Roman im Titel den Namen einer Frau: Was der Autor als Botschaft zu verkünden hat, ein neues Ideal der Geschlechterbeziehung, entwickelt der Romanheld Julius aus der Erfahrung mit Frauen, vor allem aus der Begegnung mit jener Lucinde genannten, die ihn durch die Harmonie ihres Wesens bezaubert.

Über Schillers Gedicht *Würde der Frauen*, das ein eher konventionelles Frauenbild entwarf, war man in romantischen Kreisen, wie es in einem Brief Dorotheas heißt, fast vor Lachen vom Stuhl gefallen. Schlegel schrieb, Schillers Darstellung sei »in verkehrter Richtung« idealisiert, »nicht aufwärts, sondern abwärts, ziemlich tief unter die Wahrheit hinab«.

Lucinde hingegen verkörpert das romantische Ideal der Ganzheit. Schlegels Roman erhebt die Frau zu bisher ungekannter Würde, indem er in ihr ein vollkommeneres Menschentum entdeckt als im Mann, so dass die herkömmliche Rangordnung, die den Mann über die Frau zu stellen pflegte und von dieser entsprechend die Unterwerfung verlangte, auf den Kopf gestellt wird. Allerdings sind auch Schlegels Zuschreibungen (Mann – Geist / Frau – Natur) nicht frei von den Geschlechterstereotypen des 18. Jahrhunderts. Eine gender-theoretisch unterfütterte Lesart des Textes weist zudem darauf hin, dass auch in Schlegels ›neuem‹ Blick auf die Frau der alte patriarchalische Phallozentrismus noch sein hässliches Haupt reckt. Dies betrifft keineswegs nur die Entstehungs- und Veröffentlichungsgeschichte des Textes: Friedrich dichtet, Dorothea schreibt das Manuskript ab; Friedrich veröffentlicht das Intime, Dorothea leidet und entsagt zu Gunsten des männlichen Werkes. Es betrifft auch das Frauenbild im Text selbst, wie Barbara Becker-Cantarino zeigt:

> Bei Schlegel geriet die Frau wiederum in Fesseln, in die einer emotionellen, erotischen Bindung, da erst die liebende Vereinigung die Selbstverwirklichung bedeutete. Schlegels Gattungstrennung von Männlichem und Weiblichem folgte der zeitgenössischen Anschauung der »natürlichen« Geschlechterdifferenz: Der männlichen Kategorie entsprach: aktiv, Bewegung, Verstand, Bewusstheit, Geist, Reflexion, System; der weiblichen: passiv, Ruhe, Phantasie, Wesen, Seele, fruchtbares Chaos. (Becker-Cantarino 2000, 130)

Das vermeintlich neue Frauenbild erscheint somit gleichsam als *latest trick* eines flexibel auf neue Herausforderungen reagierenden Patriarchats. Wie dem auch sei, für Schlegel wie für Novalis bleibt das größte

Wunder und Geheimnis die Liebe (auch wenn sie sich dabei vielleicht selbst nicht so gut verstanden haben wie sie jetzt von der Forschung verstanden werden). Die Liebe ist für beide Autoren Schlüssel zum ewigen Heil und mit Religion schlechthin identisch. Das »heilige Feuer«, das Julius in Lucinde als »Sinnbild der Gottheit« anbetet, entspricht dem ewigen Urbild, das Heinrich von Ofterdingen in seiner Mathilde erschaut und das bei Novalis überhaupt zum religiös-erotischen Leitmotiv aller seiner Dichtungen und Fragmentsammlungen wird.

Womit ich überleiten möchte zu Novalis, dessen *Heinrich von Ofterdingen* u.a. einen weiteren Versuch aus dem modernekompensierenden Laboratorium der Liebessemantik darstellt und der der romantischen Bewegung zudem zu einem ihrer zentralen Erkennungssymbole verhilft: der blauen Blume.

»Wie in einfachen Worten und Geschichten das Weltall offenbart werden kann«: Novalis' *Heinrich von Ofterdingen* (1802)

Novalis' Fragment gebliebener Roman wird oft als *der* romantische Roman schlechthin bezeichnet. Das liegt nicht allein daran, dass er gleich alle wesentlichen Charakteristika der Romantik (vgl. Kapitel 1) aufweist: Die Erzählung ist situiert in einem christlich verklärten Hochmittelalter, sie handelt von der Herzenserziehung und vom Reifeweg eines bürgerlichen Individuums zum kunstverklärenden Dichter. Das liegt auch nicht allein an der »blauen Blume«, die Heinrich gleich im Eröffnungskapitel im Traum erscheint und die bis heute als zentrales Symbol für die Romantik steht. Es liegt gewiss auch daran, dass der Roman Friedrich von Hardenbergs – so sein bürgerlicher Name – gleich in mehrfacher Hinsicht im Zeichen eines programmatischen Überbietungsanspruchs seines jungen, überaus ambitionierten Autors steht. Überboten werden soll zunächst und vor allem Goethes *Wilhelm Meisters Lehrjahre.* »[Ich] habe Lust mein ganzes Leben an Einen Roman zu wenden – der allein eine ganze Bibliothek ausmachen – vielleicht Lehrjahre einer *Nation* enthalten soll«, so der nicht eben bescheidene Vorsatz des jungen Autors, der sich dann sogleich korrigiert: »Das Wort *Lehrjahre* ist falsch – es drückt ein bestimmtes *Wohin* aus. Bey mir soll es aber nichts, als – *Übergangs Jahre* vom Unendlichen zum Endlichen bedeuten.« (N I, 690)

Gegen Goethes *Meister* »oder die Wallfahrt nach dem Adelsdiplom«, wie Novalis schließlich mit Blick auf Wilhelm Meisters Weg zum nützlichen Mitglied der Gesellschaft im Allgemeinen und der adeligen Turmgesellschaft im Besonderen abschätzig formulieren wird, soll der ›Anti-Meister‹ *Ofterdingen* eine »Apotheose der Poesie« entwickeln. Diese allumfassende Erhebung, Verklärung und Vergöttlichung der Poesie wird allegorisch vor allem in jenem Märchen ins Werk gesetzt, das der Dichter Klingsohr am Ende des ersten Teils den übrigen Protagonisten erzählt. Auch dieses Märchen atmet inhaltlich wie formal den Geist der Überbietung: inhaltlich, weil Novalis hier die universale Einheit aller Gegensätze und die Wiederherstellung des Goldenen Zeitalters im Zeichen der Poesie visioniert. Dabei wird jene Aufladung der Liebe, der wir bei Schlegel schon begegneten, ins allumfassend Erotische gesteigert und überboten: Denn das Märchen thematisiert nicht nur die Liebe zwischen Mann und Frau, zwischen Menschen also, sondern die Liebe als eine den ganzen Kosmos umfassende, erlösende metaphysische Macht. Formal, weil das in drei verschiedenen Welten (der Astralwelt, der Menschenwelt und der Unterwelt) spielende Geschehen mit den konventionellen Erwartungen an ein Märchen radikal bricht: Die Figuren sind als Personifikationen abstrakter Begriffe, d.h. als schwerer oder leichter auflösbare Allegorien angelegt, in denen sich eine Vielzahl von Verweisungszusammenhängen aus der griechischen und nordischen Mythologie, aus anderen Märchenvorlagen sowie aus theosophischen und naturphilosophischen Schriften überlagern. Vor allem die Deutungen erheischende Ambitioniertheit des Märchens hat die Leserschaft immer wieder gespalten: Während die einen Novalis Phantasiereichtum und visionäre Kraft bescheinigten, monierte etwa Achim von Arnim, romantischer Schriftstellerkollege und einer der ersten Leser des *Ofterdingen*, das »dummgelehrte Bauerngeschwätz« und kritisierte

> das Märchen [...] mit seiner Langweiligkeit, wenn man es [das allegorische Geflecht des Märchens; G.K] nicht errathen kann, und mit seiner Unbedeutendheit, wenn man es nicht weiß! (S/G, 41)

Böse Zungen erheben auch heute noch den anachronistischen Vorwurf, das Ganze lese sich fast wie eine im LSD-Rausch entstandene Kompilation aus dem *Herrn der Ringe*. Wie dem auch sei – kein Zweifel kann daran bestehen, dass es sich auch beim *Ofterdingen*, ähnlich wie bei der *Lucinde*, wenn auch ganz anders im Ton, um ein hochreflektiertes Romanexperiment handelt. Bevor hier einige der wesentlichen Gestaltungsprinzipien dieses Romans vorgestellt werden, soll aber zunächst ein kurzer Blick auf die Biographie Hardenbergs und den Inhalt des Romans geworfen werden.

Zur Biographie Novalis'

Der 1772 auf dem Familiengut Schloss Oberwiederstedt geborene Friedrich von Hardenberg wird seit seinem frühen Tod (1801) und seit dem Erscheinen des von Tieck ein Jahr später herausgegebenen Nachlasses immer wieder zum wirklichkeitsfernen, todessehnsüchtigen Träumer und genialischen Fragmentaristen, der keine Arbeit zu Ende führen kann, mystifiziert. Diese Stilisierung wird dem vielseitig begabten, früh entwickelten Schriftsteller und Philosophen sicherlich nicht gerecht. Hardenbergs Kindheit muss man sich wohl eher als eine unglückliche vorstellen: Der Vater, der nach dem Tod seiner ersten Frau der Herrnhuter Gemeinde beitritt, übt, überzeugt von der prinzipiellen Sündhaftigkeit jedes Menschen ein strenges Regiment von Selbstzucht und Religionseifer. Allerdings weht der strenge Geist der Askese dann wohl doch nicht in allen Gemächern des Schlosses, denn mit seiner zweiten Frau zeugt der Vater innerhalb von 25 Jahren immerhin 11 Kinder. Nach den üblichen Schulstationen – Novalis gilt schnell als extrem aufgeweckter und belesener Schüler – immatrikuliert dieser sich 1790 zum Jurastudium in Jena, hört aber lieber philosophische und historische Vorlesungen bei Reinhold und Schiller. Letzteren verehrt Novalis und als Schiller 1791 heftig erkrankt (es kursiert bereits das Gerücht von seinem Tod), besucht und betreut ihn der junge Student regelmäßig. Was tut man, wenn das Studium nicht ernsthaft vorangeht? Man wechselt den Studienort. Novalis geht 1791 nach Leipzig, wo er sich mit Friedrich Schlegel befreundet. 1793 wechselt er erneut den Studienort – nach Wittenberg – und legt dort sein juristisches Staatsexamen ab. Ende 1794 absolviert Novalis eine Ausbildung zum Verwaltungsfachmann. Im November 1794 begegnet er zum ersten Mal der 12-jährigen Sophie von Kühn, mit der er sich dann vier Monate später verlobt. Um mit ihr zusammenleben zu können, wird er Salinenbeamter in Weißenfels; und anders, als die romantische Legende vom weltflüchtigen Träumer es will, hat er diesen Hauptberuf wohl stets sehr ernst genommen. In die Zeit zwischen 1795 und 1796 fallen sowohl Novalis' intensive Beschäftigung mit Fichtes *Wissenschaftslehre* als auch die heftige Erkrankung Sophies, die 1797 stirbt. Novalis' Wille zum Weiterleben (und nicht zum ›Nachsterben‹, wie es in der Novalisforschung lange hieß) manifestiert sich in seiner gesteigerten Aktivität und Produktivität: In das Jahr 1797 fällt seine intensive poetologische Auseinandersetzung mit Goethe und seine Rezeption naturphilosophischer Schriften. 1797 wechselt er nach Freiberg und absolviert dort rasch ein naturwissenschaftliches Studium in den Fächern Geologie, Mineralogie, Bergbaukunde, Mathematik und Chemie. In dieser Interdisziplinarität, bei der neben die naturwissenschaftlichen Fächer noch das dichterische und das Interesse an spekulativer Naturphilosophie treten, und nicht im frühen Tod der jungen Geliebten sieht die neuere Forschung die eigentliche Geburt des Romantikers, der sich in dieser Phase den Namen »Novalis«, der »Neuland Bestellende«, zulegt. In dieser Phase entstehen schließlich auch die *Blüthenstaub*-Fragmente über philosophische, religiöse, politische und physikalische Themen, die ab 1798 im *Athenäum* erscheinen. 1798/99 folgen das *Allgemeine Brouillon* und der erste, Fragment gebliebene Romanversuch *Die Lehrlinge zu Sais*. Ende 1798 verlobt er sich erneut: mit Julie Charpentier. Im Jahr darauf nimmt er seine Tätigkeit in den Salinen von Freiberg wieder auf. Auch dies zeigt die Bedeutsamkeit der praktisch-beruflichen Seite für sein Leben. 1799 schließt er Freundschaft mit Tieck und in dieses Jahr fällt auch das berühmte Treffen der Frühromantiker in Jena.

Das Jahrhundertende ist sicherlich seine produktivste Phase: Novalis schreibt die *Hymnen an die Nacht* und seinen zentralen philosophisch-politischen Essay *Die Christenheit oder Europa*. Er beginnt mit dem *Heinrich von Ofterdingen*, dessen ersten Teil er bereits 1800 abschließen kann. Im gleichen Jahr bewirbt er sich um die Stelle eines Amthauptmannes, um die ökonomischen Voraussetzungen für eine Heirat zu schaffen (auch dies spricht gegen seine Todessehnsucht). Als er Ende 1800 die Ernennung erhält, ist er bereits schwer an einer Lungentuberkulose erkrankt, der er schließlich 1801 erliegt.

Zum Inhalt des Romans

In bewusst einfacher Sprache erzählen die acht Kapitel des *Die Erwartung* betitelten ersten Teils des Romans vom Initiations- und Reifeprozess Heinrichs, für den seine bürgerlichen Eltern im thüringischen Eisenach zunächst eine Berufsausbildung vorsehen, der aber über den Kontakt mit diversen gesellschaftlichen Sphären schließlich zum Dichter wird. Ein fremder Reisender, so das typisch romantische Motiv, das den Roman eröffnet, hat dem 20-jährigen Heinrich von geheimnisvollen Fernen, von wunderbaren Schätzen und von einer Wunderblume erzählt: Diese »blaue Blume« erscheint ihm im Traum als lockendes Ziel und wandelt sich zu einem »blauen ausgebreiteten Kragen« (N I, 242), in dem ein Mädchengesicht schwebt. Heinrich fühlt, dass dieser Traum »in seine Seele wie ein weites Rad hineingreift, und sie in mächtigem Schwunge forttreibt«. (N I, 244) Heinrich neigt, für spätere Dichter nicht ganz untypisch, zur Melancholie, so dass seine Mutter mit ihm und einigen befreundeten Kaufleuten nun eine Reise zu ihrem Vater nach Augsburg unternimmt. Diese Reise erweitert nachhaltig den Horizont des Lebenslehrlings. Mit der Ökonomie machen ihn die Reisegefährten bekannt, ein Aufenthalt in einer Ritterburg bringt ihm die kriegerische Welt der Kreuzzüge nahe, eine dort gefangene Morgenländerin, Zulima, offenbart sich ihm und beschwört in Liedern und Beschreibungen die »romantischen Schönheiten der fruchtbaren Arabischen Gegenden« (N I, 283). Ein alter Bergmann weiht ihn in die Gefahren und Eigenheiten des Bergbaus ein, der hier als tiefschürfende Tätigkeit sinnbildlich für Kunst und Leben steht, und vermittelt Heinrich zudem die Bekanntschaft eines Einsiedlers, der ihn in das Wesen der Geschichte einführt. Bei ihm entdeckt Heinrich auch einige alte Chroniken. Eine davon ist nicht nur in »provenzalischer Sprache« geschrieben (also ein romantisches Buch im Wortsinne; s. die Ausführungen zur Begriffsgeschichte in Kapitel 1), sondern präsentiert ihm auch sein »Ebenbild in verschiedenen Lagen« (N I, 312) und vorausdeutend Gestalten aus seinem Traum. In Augsburg angekommen, lernt er im Freundeskreis des Großvaters den Dichter Klingsohr und dessen Tochter Mathilde kennen, in die er sich verliebt. Klingsohr weiht ihn nun endlich in das Wesen des »romantischen Morgenland[es]« (N I, 331), der Poesie, ein, deren wichtigste Provinz, die Liebe, ihm aber Mathilde erschließt. Träumend wird ihm bewusst, dass jenes Mädchengesicht, zu dem der Kelch der Blauen Blume sich zusammenschloss, dasjenige Mathildes war. Den ersten Teil beschließt das bereits erwähnte, von Klingsohr erzählte Märchen. Der zweite Teil (der Bruchstück geblieben ist) – *Die Erfüllung* – wird von einem Prolog des Astralis eröffnet, der – ein geheimnisvoll-allegorisches Wesen – aus der ersten Umarmung Heinrichs und Mathildens als der neue »siderische Mensch« entstanden ist. Mathilde ist, wie Heinrichs Traum es angedeutet hatte, gestorben; verzweifelt verlässt er Augsburg als Pilger und hört bald darauf die Stimme der Toten, die ihm als Begleiterin ein armes Hirtenmädchen, Cyane, die Tochter des Grafen von Hohenzollern, ankündigt. Diese führt ihn zu einem alten Einsiedler und Arzt, Sylvester, der ihm die unmittelbare Sprache der Natur in Blumen und Pflanzen deutet und die Ankündigung des Goldenen Zeitalters wiederholt. Fortsetzungspläne hat Novalis lediglich angedeutet, aber nicht mehr ausführen können.

Novalis' Experimentalroman als konsequente Umsetzung seines Romantisierungs-Postulats

Im *Heinrich von Ofterdingen* versucht Novalis, sein berühmtes Postulat von der »Romantisierung der Welt« in die poetische Praxis umzusetzen. Das Postulat lautet folgendermaßen:

> Die Welt muß romantisirt werden. So findet man den urspr[ünglichen] Sinn wieder. Romantisiren ist nichts, als eine qualit[ative] Potenzirung. Das niedre Selbst wird mit einem bessern Selbst in dieser Operation identificirt. So wie wir selbst eine solche qualit[ative] Potenzenreihe sind. Diese Operation ist noch ganz unbekannt. Indem ich dem Gemeinen einen hohen Sinn, dem Gewöhnlichen ein geheimnißvolles Ansehn, dem Bekannten die Würde des Unbekannten, dem Endlichen einen unendlichen Schein gebe so romantisire ich es – Umgekehrt ist die Operation für das Höhere, Unbekannte, Mystische, Unendliche – dies wird durch diese Verknüpfung logarythmisirt – Es bekommt einen geläufigen Ausdruck. Romantische Philosophie. *Lingua romana.* Wechselerhöhung und Erniedrigung. (N II, 334)

Novalis' Forderung nach einer Romantisierung der Welt ist ohne Zweifel zugleich ein Konzept zur Verbesserung der Welt und es wird getragen von dem Glauben, dass sich die Welt eben noch verbessern lässt. Auch hier zeigt sich das komplexe Verhältnis zwischen aufklärerischem und frühromantischem Denken. Der genuin aufklärerische Glauben an die grundsätzliche Verbesserbarkeit des Menschen schwingt auch noch in Novalis' Romantisierungspostulat mit. Allerdings ist es auffällig, dass als weltverbessernde Instanz, auf die sich die Hoffnungen vieler der jungen deutschen bildungsbürgerlichen Intellektuellen richtet, immer wieder die Kunst erscheint. Das ist natürlich auch eine implizite Absage an die Politik als adäquaten Gesellschaftsbereich für diese Aufgabe, eine Absage, die sich nicht zuletzt aus der Enttäuschung über die in den jakobinischen Terror ausgeartete Französische Revolution speist.

Novalis' Forderung nach einer Romantisierung der Welt zielt nun auch im Kontext des Romans auf zwei lediglich analytisch voneinander trennbare, eigentlich gleichzeitig verlaufende erzählstrategische Verfahren: erstens die Potenzierung und zweitens die Logarithmi(si)erung.

Potenzierung

Potenzierung meint im Kontext des *Ofterdingen* vor allem drei erzählstrategische Operationen: Potenzierung durch das Symbol, Potenzierung durch analogisierende Variationsreihen, Potenzierung durch Transzendentalität.

Potenzierung durch das Symbol: Dieses Verfahren zeigt sich schon im Blick auf scheinbar unbedeutsame Zeichenelemente des Romans: »Johannis war vorbey« (N II, 248), so heißt es zu Beginn des zweiten Kapitels. Der Leser erfährt damit nachträglich, dass Heinrichs Traum von der Blauen Blume an eben diesem Tag stattgefunden hat. Der Tag taucht allerdings vorher bereits auf, dann nämlich, wenn Heinrichs Vater dem Sohn von *seinem* Traum erzählt. Dort heißt es:

> Ich war wieder oben auf dem Berge. Mein Begleiter stand bey mir, und sagte: du hast das Wunder der Welt gesehn. Es steht bey dir, das glücklichste Wesen auf der Welt und noch über das ein berühmter Mann zu werden. Nimm wohl in Acht, was ich dir sage: wenn du am Tage Johannis gegen Abend wieder hieher kommst, und Gott herzlich um das Verständniß dieses Traumes bittest, so wird dir das höchste irdische Loos zu Theil werden; dann gieb nur acht, auf ein blaues Blümchen, was du hier oben finden wirst, brich es ab, und überlaß dich dann demüthig der himmlischen Führung. Ich war darauf im Traume unter den herrlichsten Gestalten und Menschen, und unendliche Zeiten gaukelten mit mannigfaltigen Veränderungen vor meinen Augen vorüber. Wie gelöst war meine Zunge, und was ich sprach klang wie Musik. (N I, 247)

Der Johannistag, das ist hier einmal eine »gemeine«, also einfache Zeitangabe. Im Kontext des Romanes erhält aber diese gewöhnliche Zeitangabe zugleich ein geheimnisvolles, weil symbolisch vorausweisendes Ansehen: Der Johannistag ist der Tag von Johannes dem Täufer, jener biblischen Gestalt also, die die Ankunft Jesu und somit die Erlösung der Menschheit ankündigt. Einer Taufe wiederum entspricht auch Heinrichs Traumbad: »Ein unwiderstehliches Verlangen ergriff ihn sich zu baden, er entkleidete sich und stieg in das Becken.« (N I, 242) Indirekt, qua symbolischer Potenzierung, wird somit auch Heinrich zu einer Erlöserfigur potenziert (aufgeladen), die durch die Kunst die Welt und die Menschen erlösen wird. Doch hat der Johannistag nicht nur dieses christlich grundierte Konnotat. Er ist zugleich die Übergangs-Zeit der Sommersonnenwende, die gemäß dem Volksglauben voller Wunder ist und einen Blick in die Zukunft gewährt.

Symbolisch aufgeladen erscheint auch jene viel zitierte Passage aus einem Dialog zwischen Heinrich und Cyane: »Wo gehn wir denn hin?«, fragt Heinrich. »Immer nach Hause« (N I, 373), so Cyanes Antwort. Die Passage ist natürlich mehrdeutig und verweist nicht nur darauf, dass Heinrich nach dem Plan des Autors von der Reise durch die Welt in seine Heimatstadt Eisenach zurückkehren soll. In geschichtsphilosophischer Hinsicht ist auch die Heimkehr des Menschen in ein wieder hergestelltes ›goldenes Zeitalter‹ gemeint. Es zeigt sich in dieser Antwort also eine Haltung, die den Glauben an den Menschen und seine grundsätzliche Fähigkeit, im eigenen Leben heimisch zu werden, noch nicht aufgegeben hat; eine Antwort, die spätere Zeitalter mit gleicher Sicherheit nicht mehr zu geben imstande sind. Will man die Differenz ermessen, die diesen bei Novalis noch unerschütterten Glauben an den Sinn menschlichen Tuns trennt vom ernüchterten Denken etwa des mittleren 20. Jahrhunderts, dann braucht man sich nur eine andere Passage der Weltliteratur in Erinnerung zu rufen, in der es ebenfalls ums Gehen geht:

> Wladimir: Also? Wir gehen?
> Estragon: Gehen wir!
> Sie gehen nicht von der Stelle.
> (Beckett 1971, 233)

In einem umfassenderen Sinne erscheint im Roman schließlich auch das Mittelalter, das sich

> zwischen den rohen Zeiten der Barbarey, und dem kunstreichen, vielwissenden und begüterten Weltalter […] niedergelassen [hat als] eine tiefsinnige und romantische Zeit […], die unter schlichtem Kleide eine höhere Gestalt verbirgt. (N I, 249)

Das Mittelalter fungiert zugleich als Symbol des Übergangs, als ein romantisiertes Gegenbild zu einer Gegenwart, die durch einen prosaischen Utilitarismus gekennzeichnet ist.

Bei Novalis erscheint das Mittelalter zwar nicht als goldenes Zeitalter, wohl aber als Zeit des Umbruchs und des möglichen Übergangs in eine bessere Welt und eben in diesem Sinne als ›romantische Zeit‹. Die Wahl des Mittelalters als Zeit der Handlung erklärt sich zudem aus dem Gegensatz von Poesie und Ökonomie, Schönheit und Nutzen, der auf den Gegensatz von Mittelalter und Neuzeit/Moderne übertragen wird.

Solche Verfremdungs- und Poetisierungsstrategien durchziehen den gesamten Roman und sie erhöhen, um hier zwei weitere Beispiele wenigstens zu nennen, etwa den Bergbau (im 5. Kapitel) und die blaue Blume zu komplexen Symbolen: ersteren für die Kunst und für den tiefschürfenden Umgang des Menschen mit der Natur überhaupt, letztere unter anderem als Sinnbild für die Liebe, die Sehnsucht und als

Vorausdeutung auf die Vereinigung der Gegensätze in einer erfüllten Endzeit.

Potenzierung durch analogisierende Variationsreihen: Wir selbst sind eine »qualit[ative] Potenzenreihe«, so Novalis in seinem poetologischen Fragment. An Goethes *Meister* war Novalis u.a. dessen Erzähltechnik aufgefallen, Eigenschaften oder Möglichkeiten des Menschseins durch eine Reihe von ähnlich gestalteten Figuren (etwa Natalie und der Schönen Seele) darzustellen. Im *Ofterdingen* verallgemeinert Novalis dieses Kompositionsprinzip identitätsphilosophisch:

> Alle Menschen sind Variationen Eines vollständigen Individuums, d.h. einer Ehe. Ein Variationen Accord ist eine Familie – wozu jede innig verbundene Gesellschaft zu rechnen ist. Wenn eine so einfache Variation, wie Natalie und die schöne Seele, schon ein so tiefes Wohlgefühl erregt, wie unendlich muß das Wohlgefühl dessen seyn der das Ganze in seiner mächtigen Symphonie vernimmt? (N II, 354)

Die zahlreichen Erzieherfiguren von den Kaufleuten über den Graf von Hohenzollern bis zu Klingsohr, die Frauenfiguren von Zulima über Mathilde bis zu Cyane bilden im *Ofterdingen* solche analogisierenden Variationsreihen, die dann durch die zahlreichen Entsprechungen zwischen den Romanfiguren und den Figuren in Klingsohrs Märchen noch potenziert werden. Die Verweisungszusammenhänge zwischen den Romanfiguren sind umfassend, so spiegelt etwa Cyane durch ihren Namen (blaue Kornblume) das Leitsymbol des Romans. Am Ende, so Novalis' Plan, sollte ohnehin die Vereinigung und Alleinheit alles Seienden stehen:

> Menschen, Thiere, Pflanzen, Steine und Gestirne, Flammen, Töne, Farben müssen hinten [im Roman] zusammen, wie Eine Familie [...] handeln und sprechen. (N I, 398)

Potenzierung durch Transzendentalität: Potenziert, vervielfältigt wird hier auch dadurch, dass sich der Roman selbst zum Gegenstand macht und wird. Dies geschieht etwa in den Gesprächen über die Bedingungen der Möglichkeit der Poesie, die Heinrich mit Klingsohr führt (und die natürlich zugleich immer auch von Novalis' Roman selbst handeln).

Im 5. Kapitel entdeckt Heinrich ein Buch in provenzalischer Sprache über sein eigenes Leben, das keinen Schluss hat und somit zugleich auf die Unabschließbarkeit des Romantisierens (»unendlicher Schein«) hindeutet. Und auch die Art und Weise, in der Novalis nicht zuletzt mit seinem Mittelalter-Bild eine poetisierte Geschichtsschreibung betreibt, wird im Roman vom Grafen von Hohenzollern, Heinrichs Mentor in Sachen Historiographie, aufgegriffen:

> Die nächsten Ereignisse scheinen nur locker verknüpft, aber sie sympathisiren desto wunderbarer mit entfernteren; und nur dann, wenn man imstande ist, eine lange Reihe zu übersehn und weder alles buchstäblich zu nehmen, noch auch mit muthwilligen Träumen die eigentliche Ordnung zu verwirren, bemerkt man die geheime Verkettung des Ehemaligen und Künftigen, und lernt die Geschichte aus Hoffnung und Erinnerung zusammensetzen. (N I, 305)

Logarithmi(si)erung

Logarithmi(si)erung kann im Kontext des *Ofterdingen* als das weitestgehende Festhalten an konventionellen Erzählmustern sowie die Wahl eines ›geschmeidigen‹, einfachen Erzählstils verstanden werden.

Wenn Novalis von Logarithmi(si)erung als einer der Potenzierung entgegengesetzten und doch wesentlich mit ihr verbundenen Operation spricht, dann spricht er zugleich von der »Geläufigkeit des Ausdrucks« und von der »lingua romana«, also der Volkssprache. Logarithmisierung meint für ihn also so viel wie Vereinfachung: D.h. die Form, die für die komplexen Potenzierungszusammenhänge gefunden werden muss, darf nicht selbst wieder komplex sein. Sie muss einfach sein und einen geläufigen Ausdruck erlauben. Die Sprache muss eben so beschaffen sein, dass in »einfachen Worten und Geschichten« sich das Weltall offenbaren kann. Das betrifft zunächst die Gattungswahl: Mit dem Märchen und den eingeschobenen Sagen greift Novalis auf einfache Formen des Erzählens zurück. Das betrifft aber auch den Stil des Romans, der, ohne selbst schwierig zu sein, die Komplexität des zugrunde liegenden Gedankengebäudes überall durchschimmern lassen soll. Es geht also nicht um eine Sprache oder eine Ausdrucksweise, die ein realistisch-psychologisches Erzählen ermöglicht. Daher rührt der Stil des *Ofterdingen*, seine »Wahl unbestimmter, abgegriffener und wenig plastisch beschreibender Adjektive« (Uerlings 1998, 187). Novalis selbst spricht von der »Ruhe und Oeconomie des Styls« (N II, 802) und davon, dass die Auswahl der Beiwörter »durch die Idee des Dichterwercks bestimmt« werden soll (N II, 561); daher rührt auch die »gewisse Alterthümlichkeit« (N II, 815) des Stils, die eine fast schon künstliche Sprache schafft, in der die Bedeutungen jenseits des Wörtlichen transparent werden.

»Küssen Sie den Hintern, junger Mann, küssen Sie, und damit gut« – *Die Nachtwachen* (1804) von Bonaventura als Anti-Ofterdingen

Die *Nachtwachen* beginnen und enden voller Ingrimm. Zunächst ein Blick auf das Ende, wo es heißt:

> »Ich streue diese Handvoll väterlichen Staub in die Lufte und es bleibt – Nichts!«
> »Drüben auf dem Grabe steht noch der Geisterseher und umarmt Nichts!«
> »Und der Widerhall im Gebeinhause ruft zum Letztenmale – Nichts! –« (NB, 98)

Am Ende der *Nachtwachen* – Schopenhauers berühmte Schlusspassage aus dem ersten Band von *Die Welt als Wille und Vorstellung* vorwegnehmend – steht das dreifache Nichts. An ihrem Anfang steht die kurze Spontanrede des Nachtwächters an einen

> verunglückte[n] Poet[en], der nur in der Nacht wachte, weil dann seine Gläubiger schliefen […].
> O du, der du da oben dich herumtreibst, ich verstehe dich wohl, denn ich war einst deinesgleichen! Aber ich habe diese Beschäftigung aufgegeben gegen ein ehrliches Handwerk, das seinen Mann ernährt, und das für denjenigen, der sie darin aufzufinden weiß, doch keineswegs ganz ohne Poesie ist. […] O Freund Poet, wer jetzt leben will, der darf nicht dichten! Ist dir aber das Singen angeboren, und kannst du es durchaus nicht unterlassen, nun so werde Nachtwächter, wie ich, das ist noch der einzige solide Posten wo es bezahlt wird, und man dich nicht dabei verhungern läßt. – Gute Nacht, Bruder Poet. (NB, 10)

In der achten Nachtwache schließlich erfahren wir, wie es weitergeht mit dem Dichter, der im Begriff ist, eine Tragödie zu beenden, deren Inhalt wiederum dem der *Nachtwachen* ähnelt. Auch dieser Poet erlebt eine Auffahrt, eine Erhöhung. Sie endet mit einem Strick um den Hals am Deckenbalken der eigenen Dichterklause. Der Poet »schwebte an ihr als ein gen Himmel fahrender Heiliger, recht leicht und mit abgeworfenem Erdenballast über seinem Werke«. (NB, 98)

Bei Novalis führt die poetische Himmelfahrt gleich nach Astralis, in den Nachtwachen endet sie am Deckenbalken einer Dachwohnung. Zwischen Novalis' siderischem Kussgeflüster in einer durch die Liebe wiederverzauberten Welt und dieser resignativen Sicht auf den Stand der poetischen Dinge in der Welt liegen ungefähr zwei Jahre. Die *Nachtwachen* erscheinen 1804 in Penig unter dem Pseudonym Bonaventura im

Journal von neuen deutschen Original Romanen des Verlegers F. Dienemann. Zwei Jahre also – und doch lässt sich Gegensätzlicheres als der *Heinrich von Ofterdingen* und die *Nachtwachen* kaum denken. Wenn der *Ofterdingen* ein Anti-*Meister* ist, dann geht man vielleicht nicht einmal zu weit, wenn man die *Nachtwachen* als Anti-*Ofterdingen* begreift. Der Roman, wenn er denn überhaupt noch einer ist, ist ein sardonischer Abgesang auf die emphatisch-utopische Gestimmtheit der Frühromantik, allerdings ein Abgesang auf die Frühromantik mit den Mitteln der Frühromantik. Die *Nachtwachen* markieren literaturgeschichtlich jenen Punkt, an dem das frühromantische Denken beginnt, sich selbst suspekt zu werden. Zunächst aber zur bemerkenswerten Entstehungs- und Rezeptionsgeschichte des Romanes und zu seinem Inhalt:

Wer ist ein Autor? Zur Entstehungs- und Rezeptionsgeschichte und zum Inhalt des Romans

Wie kaum ein anderer Text der neueren deutschen Literaturgeschichte zogen die *Nachtwachen* das spekulative Interesse der Germanistik auf sich, nachdem die Zeitgenossen ursprünglich kaum Notiz von ihm genommen hatten. Das Faszinosum des Romans bestand nicht zuletzt in der ungeklärten Frage nach dem Autor. Als Verfasser galten neben F.W.J. Schelling, der unter dem Pseudonym »Bonaventura« bereits einige Gedichte veröffentlicht hatte, die Romantiker Brentano, Arnim, Friedrich Schlegel, E.T.A. Hoffmann sowie Wetzel, Erhard, Arnold und Schubert. In den 1970er Jahren erst schloss Jost Schillemeit aufgrund zahlreicher Indizien auf Ernst August Klingemann (1777-1831) als Verfasser. Dieser war in der ersten Hälfte des 19. Jahrhunderts mit konventionellen Dramen bekannt geworden und hatte 1813 die Direktion des Braunschweiger Theaters übernommen. Eine vorläufige Bestätigung fand die These durch den Fund einer Autographensammlung in der Universitätsbibliothek Amsterdam, die eine von fremder Hand erstellte Werkliste Klingemanns enthält, die dieser wiederum von eigener Hand ergänzt hatte mit dem Eintrag *Nachtwachen von Bonaventura, Penig Dienemann 1804.* Dass Klingemann zeitlebens Stillschweigen über seine Verfasserschaft bewahrte, hängt – so vermutet man – vor allem mit dem zeit- und kirchenkritischen Charakter des Textes zusammen, womit der Autor später nicht mehr in Verbindung gebracht werden wollte.

Der Protagonist des Werks, Nachtwächter und satirischer Poet zugleich, der als Findelkind nach seinem Fundort den Namen »Kreuzgang« erhalten hat, entfaltet in einer Folge von sechzehn Nachtwachen seine

Bilder des »allgemeinen Irrenhauses« Welt. Gemeint ist damit eine Welt, die an ihrer kalten Vernünftigkeit erkrankt ist und in der die mechanischen »Larven«, d.h. Masken das Leben dominieren. Der seit den pikaresken Romanen des 16. Jahrhunderts geläufige Topos des vernünftigen, aber gesellschaftlich wirkungslosen Narren, dem es von seiner Umwelt erlaubt wird, ihre Tollheiten und Schwächen zu geißeln, wird hier aufgegriffen und bis ins Absurde gesteigert.

Als so etwas wie ein roter Faden zieht sich durch Kreuzgangs Erzählungen seine eigene chaotische Lebensgeschichte, die – gemäß dem Prinzip der Inversion, das dem gesamten Roman zugrunde liegt – von hinten nach vorn erzählt wird und also mit ihrem Anfang, Kreuzgangs Geburt, endet:

In der Schusterwerkstatt seines Ziehvaters erlernt er zunächst dessen Handwerk, bevor er erste poetische »Flugblätter« – z.B. eine Leichenrede anlässlich einer Kindstaufe – herausgibt (NB, 86). Seiner Pamphlete wegen wird er inhaftiert und macht sich dann als Bänkelsänger durch »Mordgeschichten« und »kleine episodische Ergötzlichkeiten« (NB, 91) so viele Feinde, dass man ihn ins Irrenhaus einweisen lässt. Dort verlebt er seinen einzigen »Wonnemonat« (NB, 109) in der Liebe zu einer ehemaligen Schauspielerin, die, als er mit ihr an einem Hoftheater als Hamlet und Ophelia auftritt, sich aus der gespielten Rolle nicht mehr befreien kann und wahnsinnig wird. Sie stirbt nach der Geburt eines toten Kindes, während sich Kreuzgang, aus dem Irrenhaus wieder unter die »Vernünftigen« verstoßen, an ein Marionettentheater verdingt, dessen Puppenbestand jedoch aufgrund eines Zensurediktes konfisziert wird. So entschließt er sich schließlich, einen eben frei gewordenen Nachtwächterposten anzunehmen. In dessen Ausübung lässt er nun seiner »Vorliebe für die Tollheit« (NB, 72) freien Lauf, indem er etwa »in der letzten Stunde des Säkulums« sich einfallen lässt, durch einen »falschen jüngsten Tages Lerm« (NB, 73) seine Mitbürger in panische Weltuntergangs-Verwirrung zu stürzen. Die Erfahrung der ständigen Zerrissenheit lässt ihn annehmen, er sei vom Teufel mit einer Heiligen erschaffen worden – eine Vermutung, die fast zutreffend ist: Seine Mutter gibt sich ihm während eines Streifzuges auf dem Kirchhof als wahrsagendes, »braunes Böhmerweib« (NB, 187) zu erkennen und zeigt ihm das Grab seines Vaters, eines Alchimisten, dem, als er Kreuzgang mit ihr zeugte, der Teufel beigestanden habe. Am Schluss des Werkes steht dann als groteske Überhöhung des nahezu alle Nachtwachen durchziehenden Vanitas-Pathos die schon zitierte absolute Negation.

Von der blauen Blume zur Zwiebel: Die Nachtwachen als Anti-Ofterdingen

Der Blickwinkel der *Nachtwachen* ist umfassend: allerdings umfassend im Sinne einer vollständigen Absage. Während Novalis' *Ofterdingen* noch auf die Beglückung der gesamten Welt zielt und an die Verbesserbarkeit von Mensch und Welt glaubt, wird diese Allbeglückungsemphase in den *Nachtwachen* in ihr Gegenteil verkehrt: Ihre Satire trifft sowohl die Ideale der französischen Revolution wie auch die der Frühromantik, sie trifft die herrschenden Verhältnisse in Deutschland (Kirche, Feudalstaat, Justiz, Zensur, Adel) im Besonderen wie auch den Zustand des Menschen im Allgemeinen. Ähnlich wie später bei Schopenhauer erscheint die Welt in den *Nachtwachen* als die schlechteste aller möglichen.

Die Form des Romans wäre – bei aller Kritik an der Romantik, die der Roman auf inhaltlicher Ebene äußert – ohne die frühromantische Poetologie nicht denkbar. Das Strukturierungs- oder auch Entstrukturierungsprinzip der *Nachtwachen* ist erneut die Arabeske, und erneut wird dies wiederholt im Roman selbst deutlich gemacht. Kreuzgang selbst spricht von seiner Geschichte als einer solchen, »die sich still und verborgen, wie ein schmaler Strom, durch die Fels- und Waldstücke, die ich umher aufhäufte, schlingt« (NB, 157). An anderer Stelle heißt es:

> Was gäbe ich doch darum, so recht zusammenhängend und schlechtweg erzählen zu können, wie andre ehrliche protestantische Dichter und Zeitschriftsteller die groß und herrlich dabei werden, und für ihre goldenen Ideen goldene Realitäten eintauschen. [...] [Ich habe] im Gegentheile stets eine besondere Vorliebe für die Tollheit gehabt, und es zu einer absoluten Verworrenheit in mir zu bringen gesucht, eben um, wie unser Herrgott, erst ein gutes und vollständiges Chaos zu vollenden, aus welchem sich nachher gelegentlich, wenn es mir einfiele, eine leidliche Welt zusammenordnen ließe. (NB, 72)

Mit dem Erzählprinzip der ›verkehrten Welt‹ reiht sich der Roman allerdings in eine lange und noch ältere Tradition als die der frühromantischen Ordnungsverwirrung ein.

Zum einen stehen die *Nachtwachen* mit ihrem Prinzip der Inversion und der Weltanklage in der Tradition der römischen Juvenal'schen Satire (Juvenal: römischer Redner und Satirendichter etwa zwischen 60 und 140 n.Chr.). Auch für den römischen Dichter Juvenal war die Welt eine aus den Fugen geratene, was ihn zur Feder greifen ließ. Diese Zuordnung zur gattungsübergreifenden Stilform der Juvenal'schen Satire sollte jedoch zum anderen nicht den Blick dafür verstellen, dass zwischen dem Topos von der ›verkehrten Welt‹ und dem Gleichnis von der Welt als

Schauspiel, das sich leitmotivartig durch den Roman zieht, ein enger Bezug herrscht, der sicherlich auch viel mit dem 17., dem Barock-Jahrhundert zu tun hat.

Als barocke Vorbilder dienen etwa Sebastian Brants *Das Narrenschiff* (1494) oder auch Grimmelshausens *Simplicissimus* (1668). Auf einen engen Bezug zum Barock weisen z.B. die im Roman dominanten Grundformen von Bild und Monolog hin. Der barocke *vanitas*-Gedanke ist im Roman allgegenwärtig: Aus Angst vor »Zeit und Vergänglichkeit« (NB, 10) fragt der Mensch bei Bonaventura:

> »Was ist nun dieser Palast [Mensch], der eine ganze Welt und einen Himmel in sich schließt [...] O was ist die Welt [...]! – Was sind die Phantasieen der Erde[?]« (NB, 195)

Und genauso wie im 17. Jahrhundert lautet die unmissverständliche Antwort: »bei näherer Ansicht [ist] alles eitel« (NB, 119). Die Welt entpuppt sich als »falsche Welt«, »an der nichts mehr wahrhaft ist«, als »leerer abgeschmackter Tummelplatz von Narren und Masken« (NB, 148). Am Ende der Umwertung und Demaskierung der Welt des Scheins steht die Enttäuschung. Jedoch nimmt diese Enttäuschung nun durchaus nihilistische Formen an – im Gegensatz zum Barock, wo die Szene neben dem Blick in die Hölle unter und in uns immerhin auch noch den Blick auf den Himmel über uns gestattete. Dieses transzendente Obdach sind die *Nachtwachen* nicht mehr bereit zu gewähren: Nun ist selbst der Himmel verloren, Gott ist zum wahnsinnigen Weltschöpfer geschrumpft, die Welt insgesamt zum Narrenhaus geworden.

Ein weiterer enger Bezug zum Barock ergibt sich, wenn man Kreuzgang als Erzähler und Protagonisten näher betrachtet. Denn der Nachtwächter geht als »armer Schelm« (NB, 34) und Narr durch die Welt, in Herkunft und Funktion eine Rolle spielend, die stark an den Pikaro (Bezeichnung für den im Spanien des 16. Jahrhunderts und in ganz Europa erfolgreichen Schelmenroman im Gefolge des anonymen *Lazarillo de Tormes*, 1554) gemahnt. Wie dieser nimmt er teil am bürgerlichen Leben und steht gleichzeitig als halber Außenseiter abseits, indem er es überlegen durchleuchtet. Er ist niederer Herkunft und sieht aus der Froschperspektive in die oberen Schichten der Gesellschaft, schlüpft in die verschiedensten Masken und erhebt sich dadurch ironisch spielend über das makabre Schauspiel der Welt.

Die Nachtwächter-Vermummung dient wie seine niedere soziale Stellung als kaschierende Maskierung einer Ausnahme-Haltung; er spielt zwar den sozial und geistig Beschränkten, aber das ist gerade seine Entschränkung zur Narrenfreiheit und *Entlarvung* (im wahrsten Sinne des Wortes meint dies ja Demaskierung). Auch wenn es so scheint, als ob der gescheiterte Dichter Kreuzgang in einem schlichten »bürgerlichen« Beruf Halt und Zuflucht sucht, so gehört die Wahl des Nachtwächteramtes doch wesentlich zu den zahlreichen anderen Rollen, die er gespielt hat, um sich hinter der Maske über die Welt und sich selbst lustig zu machen.

Wie vorher in der Rolle des Hanswursts will Kreuzgang die »Wahrheit sagen« (NB, 103) und stiftet durch seinen konstant bleibenden Gestus der Verneinung eine einheitliche Perspektive. Während sich Ophelia nicht mehr aus ihrer Rolle zurücklesen kann (NB 165ff.), gelingt es ihm, sich selbst bis zu seiner Geburt zurückzuverfolgen. Er findet »das große schreckliche Ich« (NB, 168) und unter dieser letzten Hülse das »Nichts« (NB, 198). Ob Dichter, Hanswurst, Bänkelsänger oder Nachtwächter: »Es ist Alles Rolle, die Rolle selbst und der Schauspieler, der darin steckt« (NB, 165). Nicht umsonst hat der Teufel bei seiner Geburt Pate gestanden; darum spricht Kreuzgang als »advocatus diaboli« (NB, 91) und schwebt, die Welt verlachend, wie der Teufel über der Erde (NB, 148). Der Teufel allerdings hat nicht nur unmenschliche Züge, sondern steht wie Kreuzgang selbst im Dienste der Desillusionierung, die ja immer auch eine Aufklärung ist. Und so wird er mitverantwortlich für jenen zweifachen Entlarvungsgestus, der die *Nachtwachen* kennzeichnet: die Entlarvung des Ich und die Entlarvung der Welt.

Das im Rekurs auf Fichte so hochgestimmte, frühromantische Subjekt-Denken, d.h. das Vertrauen, dass das Ich des Menschen, wohin es sich auch bewegen mag, schon immer wieder bei sich selbst ankommen werde, wird brüchig und weicht einem – teilweise radikalen – Erkenntnisskeptizismus. Von diesem Porös-Werden der eigenen Identität zeugen nicht zuletzt die zahlreichen Doppelgängerfiguren, die von nun an in wachsendem Maße die romantischen Romane, Kunstmärchen und Novellen bevölkern (vgl. etwa Hoffmanns *Elixiere des Teufels*). Die *Nachtwachen* selbst sind ein besonders beispielgebendes Dokument dieses Überganges, wird doch in ihnen wiederholt und unmittelbar auf die Sollbruchstellen von Fichtes Identitätsphilosophie angespielt:

Im *Monolog des wahnsinnigen Weltschöpfers* etwa erscheint der subjektive Idealismus Fichtes als letzter Baustein in der an albernen Eitelkeiten und Selbstüberschätzungen so reichen Geschichte des – im Universalmaßstab – völlig bedeutungslosen Menschen:

> Zulezt – und das war das ärgste – dünkte sich das Stäubchen selbst Gott und bauete Systeme auf, worin es sich bewunderte. (NB, 114)

Der Nihilismus des wahnsinnigen Weltschöpfers, Insasse eines Tollhauses, wird vom Erzähler Kreuzgang gegenüber dem beaufsichtigenden Arzt gar mit direktem Bezug auf Fichte gerechtfertigt:

> »Sehen Sie nur, Herr Doktor,« – fuhr ich fort als der Weltschöpfer endete, – »[...] er hat eben so gut sein konsequentes System wie Fichte, und nimmt es im Grunde mit dem Menschen noch geringer als dieser, der ihn nur von Himmel und Hölle abtrennt, dafür aber alles Klassische rings umher in das kleine Ich, das jeder winzige Knabe ausrufen kann, wie in ein Taschenformat zusammendrängt.« (NB, 117)

Weiter heißt es in einer von Kreuzgangs Reflexionen:

> Die Menschheit organisirt sich gerade nach Art einer Zwiebel, und schiebt immer eine Hülse in die andere bis zur kleinsten, worin der Mensch selbst denn ganz winzig stekt. (NB, 109)

Oder eben auch nicht steckt. Denn wie bei der Zwiebel nach Entfernung der letzten Hülse nichts übrig bleibt, so scheint auch der Mensch auf sandiges Terrain gebaut zu haben, wenn er glaubt, das Ich sei die Bedingung der Möglichkeit und zugleich der Sicherheitsgarant seiner Existenz.

Lediglich zwei Aspekte der allumfassenden Weltentlarvung sollen hier noch herausgegriffen werden: die politische Kritik und die Kunstkritik. In der sechsten Nachtwache richtet Kreuzgang das Wort direkt an die Staatsmänner: »Was soll ich gar von euch sagen, ihr Staatsmänner, die ihr das Menschengeschlecht auf mechanische Prinzipien reduzirtet.« (NB, 78). Damit meint er natürlich die absolutistischen Territorialfürsten in Deutschland, die ihre Untertanen ausbeuten. Zugleich verspottet er die der französischen Revolution zugrunde liegende Staatsauffassung, wonach »Freiheit und Gleichheit« das Gottesgnadentum abgelöst haben. Feudalsystem und Revolutionsstaat werden auf die gleiche Weise angegriffen und durch das Marionettenspiel des Hanswursts, der »lustig Menschenköpfe, statt der Schellen, schüttelte« (NB, 177), zur Tragikomödie herabgestuft. Denn zwischen Monarchie, Republik und Despotie ist genauso schwer zu unterscheiden wie zwischen Posse und Tragödie.

Um bei der Posse, die zugleich tragisch sich ausnimmt, zu bleiben, folgt zum Abschluss eine Passage, in der sich zum einen noch einmal die These vom Anti-*Ofterdingen* erhärtet, und zum anderen noch einmal der radikale Ernüchterungsgestus zeigt, mit dem der Roman die zeitgenössischen Tendenzen der Sakralisierung der Kunst – sei es im klassizistischen, sei es im romantischen Gewande – persifliert: Bei Novalis konnte Heinrich im Reich des Bergbaus noch tiefschürfende Antworten auf die Fragen nach dem Wesen des Menschen und nach dem Wesen der Kunst finden. Auch in den *Nachtwachen* werden, wenn Kreuzgang in der 13. Nachtwache ein Kunstmuseum besucht, das an einem Berge gebaut ist, die Motive »Berg« und »Kunst« noch miteinander verkoppelt.

Was er überhaupt von solchen Kopplungen hält, gibt Kreuzgang an anderer Stelle zu verstehen:

> Es gehört zur menschlichen Größe in der Nähe erhabener Gegenstände, Nebengeschäfte zu betreiben, z.B. der aufgehenden Sonne mit der Pfeife im Munde ins Antlitz zu schauen, oder während der Katastrophe einer Tragödie Makkaroni zu speisen [...] (NB, 172)

Oder eben: ein Kunstmuseum gleich in die Nachbarschaft eines Berges zu setzen, in der Hoffnung womöglich, die Erhabenheit der Natur möge sich übertragen auf das kulturelle Werk des Menschen. Die Einsichten, die Kreuzgang den kunstbeflissenen Besuchern zum Besten gibt, zeugen allerdings davon, dass die Kunstreligion der Neuen schon längst so rissig ist wie es die Statuen der Alten sind, die sie immerzu imitieren. Auch das Bemühen um eine Wiederherstellung jener Zeiten, in denen Kunst und Leben in Eintracht noch Garanten für ein unmittelbares, unentfremdetes Dasein sein konnten, erscheint in dieser Passage als alberne Posse einer degenerierten Menschheit.

> An dem Berge, mitten in das Museum der Natur, hatten sie noch ein kleines für die Kunst gebaut, wohinein jetzt mehrere Kenner uns Dilettanten mit brennenden Fackeln zogen, um bei dem sich bewegenden Lichtscheine die Todten drinnen möglichst lebendig sich einzubilden. [...] Jezt kletterte ein kleiner Dilettant von den Anwesenden an einer medicäischen Venus ohne Arme, mühsam hinauf, mit gespitztem Munde und fast thränend, um, wie es schien, ihr den Hintern, als den bekanntlich gelungensten Kunsttheil dieser Göttin, zu küssen. [...] »Junger Kunstbruder! – redete ich ihn an. – Der göttliche Hintere liegt Ihnen zu hoch, und Sie kommen bei Ihrer kurzen Gestalt nicht hinauf, ohne sich den Hals zu brechen! [...] Kunstfreund, wohin sind wir gekommen, daß wir es wagen, diese großen Göttergräber aufzuwühlen, und die unsterblichen Todten ans Licht zu ziehen, da wir doch wissen, wie hart bei den Römern die bloße Verletzung der Menschengrüfte verpönt war. Freilich achten Aufgeklärte diese Verstorbenen jezt geradezu für Götzen, und die Kunst ist nur noch eine heimlich eingeschlichene heidnische Sekte, die an ihnen vergöttert und anbetet – aber was ist es auch mit ihr, Kunstfreund? Die Alten sangen Hymnen und Aeschylus und Sophokles dichteten ihre Chöre

zum Lobe der Götter; unsere moderne Kunstreligion betet in Kritiken, und hat die Andacht im Kopfe, wie ächt Religiöse im Herzen.
Ach, man soll die alten Götter wieder begraben! Küssen Sie den Hintern, junger Mann, küssen Sie, und damit gut!« (NB, 151ff.)

Weiterführende Literatur

Hoffmeister, Gerhart: Bonaventura: Nachtwachen. In: Erzählungen und Novellen des 19. Jahrhunderts. Band 1. Stuttgart 1988, S. 61-96

Uerlings, Herbert: Novalis. Stuttgart 1998

Wanning, Berbeli: Friedrich Schlegel zur Einführung. Hamburg 1999

Zimmermann, Harro: Friedrich Schlegel oder die Sehnsucht nach Deutschland. Paderborn 2009

5

»... Schläft ein Lied in allen Dingen«: Die Lyrik der mittleren und späten Romantik

Dem rückwärts gekehrten Betrachter scheint es vor allem die Lyrik zu sein, die das Profil der mittleren und späten Phase der literarischen Romantik prägt; und es sind in der Regel jene Gedichte, die in den Phasen nach der frühen Romantik entstehen, die auch unsere heutigen Vorstellungen von romantischer Lyrik nachhaltig konturieren. Im Folgenden sollen – nach einem kurzen Überblick über die geographischen Verdichtungszentren der mittleren und späten Romantik – wesentliche Charakteristika, Formen und Inhalte dieser Lyrik vorgestellt und anhand von Beispielen erläutert werden.

Gleichwohl ist es keineswegs so, dass in der literarischen Romantik seit den *Nachtwachen* keine bedeutenderen Romane oder Prosaschriften mehr entstehen: Man denke nur an Joseph von Eichendorffs *Ahnung und Gegenwart* (1815) und an seine Erzählungen, an Achim von Arnims *Die Kronenwächter* (1817), an Clemens Brentanos *Geschichte vom braven Kasperl und schönen Annerl* (1817), an E.T.A. Hoffmanns Erzählungen (s. dazu Kapitel 6) und seine Romane *Die Elixiere des Teufels* (1815/16) und die *Lebens-Ansichten des Katers Murr* (1819/21) oder schließlich an Tiecks bis zum Beginn der 1840er Jahre ungebrochene Produktion von Romanen und Novellen.

Auch hat die literarische Romantik schon in ihrer frühen Phase durchaus (ge)wichtige lyrische Texte hervorgebracht: Ludwig Tieck initiiert mit seinen in Erzählungen und Dramen eingelegten Gedichten – deren berühmtestes wahrscheinlich bis heute das im *Eckbert* leitmotivisch eingefügte Gedicht *Waldeinsamkeit* ist – eine Stimmungslyrik, bei der der Klangcharakter und die Musikalität der Sprachzeichen ihre Bedeutungsfunktion deutlich in den Hintergrund treten lassen. Novalis legt mit seinen 1800 im letzten Heft des *Athenäum* veröffentlichten *Hymnen an die Nacht* ein geschichtsphilosophisch-spekulatives Langgedicht vor, in dem sich in forcierter Metaphorik und programmatischer Verrätseltheit griechische und christliche Mythologeme zur Feier epiphanischer, erotischer Vereinigungsvisionen überlagern.

Dezentrierung und Vervielfältigung der geographischen Verdichtungszentren in der mittleren und späten Romantik

Es ist sicherlich nicht übertrieben, wenn man Novalis' *Heinrich von Ofterdingen*, der 1802 nach dem Tod seines Autors erscheint, als nachgereichten Höhe- und Endpunkt jener kurzlebigen literaturgeschichtlichen Phase der frühen Romantik begreift. Danach kommt etwas anderes, wenn auch nicht etwas völlig anderes. Die Übergangsphasen zwischen der frühen, der mittleren und der späten Romantik – wie auch die mittlere und späte Romantik selbst – erweisen sich als komplexe Mischungen aus Elementen der Kontinuität und Diskontinuität, die hier nicht mehr als angedeutet werden können. Während man vor allem an bestimmten formalen Errungenschaften der frühen Romantik (am transzendentalen Roman, am Kunstmärchen, an der Gattungsmischung) und ihren zentralen poetologischen Grundsätzen durchaus festhält, werden inhaltliche Positionen revidiert, zumindest aber verschieben sich nicht zuletzt im Zuge der politischen Ereignisgeschichte im Zeitalter der napoleonischen Kriege und der Restauration die Schwerpunktsetzungen. Dies wird allein schon geographisch deutlich, kommt es doch zu einer zunehmenden Dezentrierung und Ausdifferenzierung der romantischen Bewegung. Mehrere geographische Verdichtungszentren mit unterschiedlichen Schwerpunkten bilden sich in diesen Phasen heraus und lösen einander ab: In Heidelberg dominiert zwischen 1805 und 1808 die Kunstvolksdichtung. Achim von Arnim und Clemens Brentano geben zwischen 1805 und 1808 eine epochemachende Sammlung von Volksliedern – *Des Knaben Wunderhorn* – heraus und setzen damit das Ideal einer aus dem Volke direkt entsprungenen Poesie in Szene. Hauptpublikationsorgan der Heidelberger Kunstvolksdichtung ist die kurzlebige, von Arnim herausgegebene *Zeitung für Einsiedler*. Daneben entstehen weitere Zentren in Wien um Friedrich Schlegel, in Dresden um Adam Müller und dann vor allem in Berlin um Kleist, Müller, Arnim, Hoffmann, Brentano und Eichendorff. Zwischen 1809 und 1815 entfaltet sich dort ein erstaunliches Zugleich von politischer Rückwärtsgewandtheit und ästhetischer Modernität. Bei den Berliner Romantikern dominiert das Ideal eines organischen Ständestaates, in dessen Namen etwa Kleists *Berliner Abend-*

blätter oder die von Arnim und Müller geleitete *Christlich-Deutsche Tischgesellschaft* (deren Mitglieder sich aus dem Adel und dem höheren Beamtentum rekrutieren – Frauen und Juden sind ausgeschlossen) gegen die preußische, als zu liberal empfundene Reformpolitik opponieren. Zentren der katholischen Spätromantik sind dann vor allem Wien, in dem Friedrich Schlegel bis zu seinem Tode 1829 für die Restauration agiert, und in den 1830er Jahren schließlich München, wo der Literat, kulturpolitische Aktivist und Geschichtsprofessor Joseph Görres das katholische Profil der späten Romantik prägt, u.a. indem er, beraten von Brentano, eine vielbändige *Christliche Mystik* (1836-1842) veröffentlicht.

Charakteristika, Formen und Inhalte der romantischen Lyrik

Kontextgebundenheit

Auffällig ist zunächst die »Kontextgebundenheit« (Wolfgang Frühwald) romantischer Lyrik. Ein beträchtlicher Teil der heute bekanntesten lyrischen Texte der Romantik wird (zunächst) nicht etwa in eigenständigen Gedichtsammlungen veröffentlicht, sondern steht im Kontext von Prosa- und Dramentexten. Diese Eingebundenheit entspricht natürlich ganz der universalpoetischen Forderung nach Gattungsmischung und sie gilt sowohl für die Lyrik Tiecks, der erst zwischen 1821 und 1823 eine erste, dreibändige Sammlung seiner Gedichte erstellt, als auch für die Gedichte Brentanos und Eichendorffs. Einige der berühmtesten Gedichte Brentanos etwa sind eingefügt in umfangreichere Erzähltexte: Das unter dem Titel *Lore Lay* bekannt gewordene *Zu Bacharach am Rheine* findet sich im zweiten Band des *Godwi* (1802), *Der Spinnerin Nachtlied* ist eingebunden in die *Chronika eines fahrenden Schülers* (1818). Einer Sammelausgabe seiner Lyrik verweigert sich Brentano zeitlebens, erscheint ihm doch das Gedruckte und somit im Schwarz der Buchstaben Stillgestellte und Abgelebte als eine eigentlich unangemessene Form der Vermittlung des Lyrischen, das – so Brentanos Überzeugung – seinem Wesen nach auf Unmittelbarkeit und Lebendigkeit, d.h. auf mündliche Überlieferung im Gespräch oder im Lied angelegt ist. Auch Eichendorff veröffentlicht erst 1837 eine erste, selbstständige Sammlung seiner Gedichte. Allein in seinen Roman *Ahnung und Gegenwart* (1815) sind 52 Gedichte eingefügt. Einige seiner nachmals populärsten lyrischen Texte, etwa *Wem*

Gott will rechte Gunst erweisen, finden sich in der 1826 publizierten Novelle *Aus dem Leben eines Taugenichts* bzw. in deren Anhang.

Abkehr von klassizistischen Formen: Romanische Formen

»Wer jetzt gar nichts zu sagen hat, läßt in einem Sonnet tanzen und klingeln, so wie kluge Wirthe, die saures Bier zu verzapfen haben, tanzen und spielen lassen«, lautet das despektierliche Urteil in einer zeitgenössischen romantikkritischen Schrift über Tendenzen innerhalb der romantischen Lyrik (zit. nach Schulz 1989, 694). Worauf hier angespielt wird, das ist die seit der frühen Romantik erkennbare Hinwendung der romantischen Lyriker zu romanischen Formen des Gedichts. Während Goethe und Schiller im ›Weimarer Jahrzehnt‹ zwischen 1795 und 1805 im Rahmen ihres neuhumanistischen, klassizistischen Bildungsprogramms vor allem auf antike Formen und Versmaße zurückgreifen, suchen die romantischen Konkurrenten, sicherlich auch in entschiedener Abgrenzung von den beiden Weimarer Literaturpolitikern, ihre Maßstäbe anderswo: In zunehmendem Maße wenden sie sich Lyrikformen des romanischen Mittelalters und der frühen Neuzeit zu. Neben der Terzine, der Kanzone, der Romanze, dem Madrigal und der Glosse ist es eben vor allem das im Rahmen der aufklärerischen Lyrikproduktion fast in Vergessenheit geratene, unter der programmatischen Federführung A.W. Schlegels wieder entdeckte Sonett, das in der romantischen Lyrik Hochkonjunktur hat. Schlegel verteidigt diese Rückneigung, die an die Stelle der reimlosen Hexameter und Pentameter der antikisierenden Neugriechen jambische Versfüße mit klingenden Endreimen setzt, gegen ihre Verächter wie den Homer-Übersetzer Johann Heinrich Voß. Dieser polemisiert in Cottas *Morgenblatt für gebildete Stände* wider den Rückgriff auf romanische Formen, die nichts anderes als die »unförmigen Vermummungen des dumpfen, von Hierarchen und Damen abhängigen Rittergeistes« (JHV, 323) seien. In seinen *Berliner Vorlesungen über schöne Litteratur und Kunst* spricht sich Schlegel gegen den Vorwurf aus, das Interesse für das Sonett entspringe lediglich dem Gefallen an einer rein formalen Spielerei. Der Zusammenhang zwischen gedanklichem Gehalt und Form sei vielmehr ein notwendiger und somit wie Seele und Leib im Subjekt unzertrennlich. Bereits 1800 erläutert Schlegel die Machart des Sonetts und rechtfertigt – wie es sich für einen Romantiker gehört, transzendental in einem Sonett – dessen Vorzüge bei der poetischen Artikulation gedanklicher Gegensätze:

Das Sonett
Zwei Reime heiß ich viermal kehren wieder,
Und stelle sie, getheilt, in gleiche Reihen,
Daß hier und dort zwei eingefaßt von zweien
Im Doppelchore schweben auf und nieder.

Dann schlingt des Gleichlauts Kette durch zwei Glieder
Sich freier wechselnd, jegliches von dreien.
In solcher Ordnung, solcher Zahl gedeihen
Die zartesten und stolzesten der Lieder.

Den werd' ich nie mit meinen Zeilen kränzen,
Dem eitle Spielerei mein Wesen dünket,
Und Eigensinn die künstlichen Gesetze.

Doch, wem in mir geheimer Zauber winket,
Dem leih' ich Hoheit, Füll' in engen Gränzen,
Und reines Ebenmaß der Gegensätze.
(AWS/SW, 304)

Invented tradition 1: Patriotische Gebrauchslyrik in Zeiten des Krieges und im Zeichen des »Volkes«

Die Zeiten des Krieges gegen das Frankreich Napoleons zwischen 1806 und 1815 forcieren patriotische und nationalistische Tendenzen auch innerhalb des literarischen Feldes. Die (temporäre) Erfahrung der eigenen Ohnmacht im Zuge der napoleonischen Kriege verstärkt das Streben nach einer eigenen, nationalen Identität *gegen* den französischen Okkupator und führt zu einer patriotischen, zum Teil nationalchauvinistischen Aufladung des ›Volks‹-Begriffes. Wenn diese Konzentration auf das Eigene als Abgrenzung vom französischen Gegner gleichsam der außenpolitische Aspekt dieser zeitspezifischen Selbstnationalisierung ist, dann erscheint als ihr binnenpolitischer Aspekt eine verschärfte, kulturell codierte, d.h. auf Sprache und Literatur setzende Kompensatorik der politischen und religiösen Zersplitterung, in der sich ›Deutschland‹ zu diesem Zeitpunkt – vor allem im Vergleich mit den tonangebenden westeuropäischen Nationen – noch befindet. Deutschland ist ein fragmentarischer Flickenteppich aus mehr als dreihundert souveränen Territorialstaaten, aus Königreichen, Kurfürstentümern, Herzogtümern, Fürstentümern und noch vielen kleineren, eigenständigen politisch-konfessionellen Einheiten: eine verspätete, zersplitterte Nation, ein »Raum ohne Volk«. ›Volk‹ ist denn auch der Hochwertbegriff und das semantische Dach, unter dem sich diverse Aktivitäten, Widerstandstheorien, Streitschriften und agitatorische Gedichte versammeln. Ernst Moritz Arndt stellt in seiner anti-napoleonischen Ideenschrift *Geist der Zeit* (1806) den Nationalismus über den Kosmopolitismus, weil es ohne ›Volk‹ keine Menschheit geben könne. Dass es Arndt zufolge die von der Natur gegebene Einheit der Sprache und Kultur jenseits aller politischer Trennungen ist, die ein Volk konstituiert, dokumentiert sich bereits im ehedem zum Sprichwort gewordenen Titel einer seiner weiteren Streitschriften: *Der Rhein Teutschlands Strom, aber nicht Teutschlands Grenze* (1813). Joseph Görres gibt – mit deutlich nationalistischen Tönen – eine Sammlung *Teutscher Volksbücher* (1807) heraus, die, wie er in der Einleitung betont, den »aechten innern Geist des teutschen Volkes« zeigen sollen: »einfach, ruhig, still, in sich geschlossen, ehrbar, von sinnlicher Tiefe weniger in sich tragend, aber dafür um so mehr für die höhern Motive aufgeschlossen«. (JG, 175). Vor allem von Berlin aus, man denke an Kleists *Berliner Abendblätter*, kommt es in der ersten Hälfte der 1810er Jahre zu einer Zuspitzung des anti-französischen, nationalpolitischen Engagements.

Im Bereich der Lyrik nehmen in dieser Phase patriotische, politische, agitatorische Gebrauchstexte, die zur Erfindung einer eigenen nationalen Tradition beitragen oder zum Widerstand gegen die französische Besatzung aufrufen sollen, deutlich zu. Sich in irgendeiner Weise zum »Deutschen« bzw. zum Krieg gegen Napoleon zu verhalten, wird in diesen Jahren regelrecht zum festen Pflichtbestandteil des schriftstellerischen Inszenierungsrepertoires:

> Den Heldenruhm, den sie zu spät jetzt achten, / Des teutschen Nahmens in den lichten Zeiten, / […] Zu retten fern von allen Eitelkeiten, / Das sei des Dichters hohes Ziel und Trachten! (FS 5, 297)

So ermahnt nunmehr Friedrich Schlegel seine Zunft in seinem programmatischen Sonett *An die Dichter*. Ob es der Mahnung des gerade ehedem noch so frei jenseits aller Dinge flottierenden Geistes bedurft hätte, darf man angesichts der Fülle patriotischer Lyrik dieser Tage bezweifeln. Arndt etwa erinnert die Deutschen in seinem Gedicht *Aufruf an die Deutschen bei Schills Tode* (1809) an die Tapferkeit ihrer germanischen Vorfahren, um sie für die kriegerischen Auseinandersetzungen der Gegenwart zu erkühnen:

> O eure tapfern Väter!
> O eure großen Ahnen!

Die Helden, die Germanen!
Das waren kühne Täter,
Nicht schöner Worte Sprecher, Nein, stolzer Freiheit Kinder,
Tyrannenüberwinder,
Entnervter Tugend Rächer.
(AW 1, 71f.)

Von Theodor Körner, dessen früher Tod während eines Gefechtes gegen die französischen Truppen seinen Versen nachträglich sicherlich ein kaum zu überbietendes Maß an Authentizität verleiht, erscheint im November 1813 eine noch von ihm selbst vorbereitete Sammlung *Zwölf freie deutsche Gedichte*, in deren *Aufruf* es ebenso metapherntrāchtig wie todesverklärend heißt:

Frisch auf, mein Volk! Die Flammenzeichen rauchen,
Hell aus dem Norden bricht der Freiheit Licht.
Du sollst den Stahl in Feindes Herzen tauchen;
Frisch auf, mein Volk! – Die Flammenzeichen rauchen,
[…]
Das höchste Heil, das letzte, liegt im Schwerte!
Drück dir den Speer ins treue Herz hinein;
Der Freiheit eine Gasse! – Wasch' die Erde,
Dein deutsches Land mit deinem Blute rein!
(Gedichte der Romantik, 338)

Lediglich Kleist schlägt, wenn auch nicht ohne die für ihn bezeichnenden Brechungen, noch martialischere Töne an, so etwa, wenn er den Chor in seinem Lied *Germania an ihre Kinder* (1809) u.a. jubeln lässt:

Schlagt ihn [den französischen Gegner] tot! Das Weltgericht
Fragt euch nach den Gründen nicht!
(HK, 27)

Auch bereits etabliertere Dichter wie Achim von Arnim (*Die Appelmänner*, 1813) und Clemens Brentano (*Victoria und ihre Geschwister mit fliegenden Fahnen und brennender Lunte*, geschrieben 1813, gedruckt erst 1817) kommen nicht umhin, ihre mehr oder minder subtilen dramatischen und lyrischen Beiträge zur patriotischen Literatur zu leisten.

Mit dem Zusammenbruch des napoleonischen Imperiums sinkt allerdings zunächst auch der Stern einer solchen national-operativen Lyrik wieder. Die seit dem Wiener Kongress 1814/15 durch die erzkonservative Heilige Allianz restaurierten vor-revolutionären Verhältnisse machen die staatlichen Instanzen und die nationaldemokratischen Schriftsteller und Studentenbewegungen, die sich im Kampf gegen Napoleon gestern noch verbünden konnten, zu den neuen Gegnern von heute: Nationale und demokratische Bestrebungen sowie jedwede Form der anti-feudalen Opposition werden im Deutschen Bund, vor allem seit den Zensurbestimmungen der Karlsbader Beschlüsse (1819), radikal unterdrückt und verfolgt.

Gleichwohl fallen die patriotischen Lieder nicht der Vergessenheit anheim. Ein beträchtlicher Teil von ihnen wird im 20. Jahrhundert unrühmliche Urständ feiern. Gerade durch ihre Sangbarkeit ins kulturelle Gedächtnis einer sich erfindenden und bildenden Nation eingegangen, wird sich diese Nation ihrer immer dann erinnern, wenn es darum geht, Kriege – auch solche ganz anderer Art – durch die Herabsetzung des Gegners und die Berufung auf das vermeintlich überlegene ›deutsche Wesen‹ zu legitimieren.

Invented traditon 2: Sentimentalische Naivität im Zeichen des »Volkes«

Die Abkehr von klassizistischen Formen wie auch die neue Volksbezogenheit bilden zusammenlaufende, gemeinsame Momente einer weiteren Besonderheit der romantischen Lyrik: Die Rede ist hier vom romantischen Bestreben, in der Lyrik so etwas wie einen Volksliedton zu (re-)konstruieren. Das Interesse der Gebildeten am Volkstümlichen und am Volkslied ist nicht ganz neu: Es kündigt sich bereits im Sturm und Drang bei Johann Gottfried Herder und beim jungen Goethe an. Für die Romantiker ist es Ludwig Tieck, der dieses Interesse wieder verstärkt und 1803 eine Sammlung neu bearbeiteter *Minnelieder aus dem Schwäbischen Zeitalter* herausgibt. Formgeschichtlich artikuliert sich dieses durchaus bewusste Bestreben der romantischen Lyriker nach Volkstümlichkeit im entschiedenen Bruch mit der klassizistisch-normativen Vorliebe für komplexe Formgebungen. Einfache Vers- und Strophenformen wie der Liedvers (grundsätzlich alternierend, durchgehend entweder drei oder vier Hebungen: »Es war, als hätt der Himmel ...«) und die meist aus vier Versen bestehende, paar- oder kreuzgereimte Volksliedstrophe, die eine mündliche Überlieferung und das Singen auf eingängige Melodien simulieren und stimulieren, dominieren das Formeninventar der Lyrik der mittleren und späten Romantik. Rezeptionsgeschichtlich betrachtet ist es nicht zuletzt diese durch die Formgebung bereits angelegte Musikalität der romantischen Gedichte, die ihre Vertonung – etwa durch Beethoven, Schubert, Mendelssohn, Schumann, Brahms und später Mahler – geradezu herausfordert. Diese große Zeit des Kunstliedes wiederum führt dazu, dass die Gedichte Eichendorffs, Kerners, Chamissos, Rückerts, Uhlands und Heines weit über Deutschland hinaus bekannt werden.

Es liegt auf der Hand, dass die Einfachheit, Natürlichkeit und Volkstümlichkeit des Tones, den die romantischen Lyriker erzeugen, keine Produkte ihrer Naivität sind. Das Naive ist, um den Schiller'schen Begriff hier erneut zu verwenden, sentimentalisch. Damit ist gemeint, dass romantische Gedichte nicht einfach, natürlich oder volkstümlich *sind*, sondern sie *sollen* (wieder) so sein. Ihre Naivität ist nicht etwa das Resultat dichterischer Eingeschränktheit, sondern das Ergebnis eines reflektierten und – wie etwa die zahlreichen Streichungen und Verbesserungen in den noch erhaltenen Gedichthandschriften Joseph von Eichendorffs zeigen – durchaus mühsamen Herstellungsprozesses. Die Volkstümlichkeit des Tones erscheint als *invented tradition*, als ästhetisierende Konstruktionsleistung zum Zwecke der Orientierungs- und Identitätsstiftung. In mentalitätsgeschichtlicher Hinsicht erweist sich die ›neue‹ Sehnsucht der Romantiker nach dem Volkstümlichen als Begleitphänomen jenes Modernisierungsprozesses, der – wenn auch vergleichsweise langsam – nun Deutschland erreicht. Gleichsam als Kompensation der ökonomischen, sozialen und ideellen Zumutungen im Zuge der Modernisierung, als Reaktion auch auf das zunehmende Schwinden transzendenter Orientierungs- und Haltepunkte durch die Säkularisation, wächst das Verlangen nach Authentizität, Einfachheit und Ursprünglichkeit. Aus dem Unbehagen am gegenwärtigen Zustand der Zivilisation (s. dazu die Ausführungen zu A.W. Schlegel in Kapitel 2) geht der Blick zurück zum Vergangenen, zu vermeintlich ursprünglich gewachsenen Ordnungen, in denen noch eine harmonische Einheit zwischen und in den Menschen herrschte. Das ›Volk‹ wird dabei zum emphatisch aufgeladenen ästhetischen Kollektivsubjekt stilisiert, aus dem in einer dergestalt verklärten Vergangenheit die ›echte‹ Kunst noch kommen konnte. Die vermeintliche Ursprünglichkeit der aus dem Volk stammenden Kunsthervorbringungen erweist sich indes nicht selten als sentimentalisches Resultat sehr bewusster Akte der Konjektur, des Redigierens und des Abänderns. Dass der Volkston ein Kunstton ist, zeigt sich beispielhaft an einer der bedeutendsten Gedichtsammlungen der Romantik, *Des Knaben Wunderhorn*, wie auch an der wirkungsmächtigen Lyrik von Clemens Brentano und Joseph von Eichendorff.

Des Knaben Wunderhorn oder Romantisches *sampling* im Zeichen des ›Volkes‹

Zwischen 1806 und 1808 bringen Achim von Arnim und Clemens Brentano eine dreibändige, 723 Titel umfassende Sammlung von »alten deutschen Liedern« heraus. Der Titel der Sammlung entstammt zum einen einem alten niederdeutschen Buch, zum anderen wird er erläutert im Eingangsgedicht, der Ballade von einem Knaben, der einer Königin ein »Horn vom Elephant« schenkt, das sich als »eine Art ›music box‹« (Gerhard Schulz) entpuppt:

> Der schöne Knab sagt auch:
> »Dies ist des Horns Gebrauch:
> Ein Druck von Eurem Finger,
> Ein Druck von Eurem Finger
> Und diese Glocken all,
> Sie geben süßen Schall,
> Wie nie ein Harfenklang
> Und keiner Frauen Sang [...]«
> (KWH 1, 17f.)

Hören bzw. lesen kann man in dieser Sammlung Lieder, die, so die ursprungsmythologische Inszenierung der beiden Herausgeber, mitten aus dem Volksleben stammen und die Sorgen, Nöte und Freuden der einfachen Menschen, der Bergleute, Schneider, Fuhrleute, Landarbeiter und Hirten, vor allem aber der Müller und Jäger, behandeln: Die Liebe in all ihren Facetten (z.B. »Wenn ich ein Vöglein wär«; »Lass rauschen, Lieb, lass rauschen«), die Kindheit (Brentano ergänzt den dritten Band um eine Sammlung von bis heute bekannten Wiegen- und Kinderliedern wie »Schlaf, Kindlein, schlaf«, »Ringel, Ringel, Reihe« oder »Bi-Ba-Butzemann«), Krieg und Tod (»Zu Straßburg auf der Schanz«, »Schlachtlied«, »Es ist ein Schnitter, der heißt Tod«) bilden die dominanten Themen. In einem Brief vom Mai 1806 an Achim von Arnim bezeichnet Clemens Brentano selbst die Lieder als eine Mischung aus Gefundenem und »Restaurationen und Ipsefacten« (A/B, 376), also Wiederhergestelltem und Selbstgemachtem. Angetreten nicht zuletzt, um mit ihrer Sammlung das als hausbacken-philisterhaft empfundene aufklärerische *Mildheimische Lieder-Buch* (1799) von Zacharias Becker an Lebendigkeit und volkstümlicher Ursprünglichkeit zu überbieten, versäumen es die beiden Herausgeber denn auch nicht, wiederholt das Ideal der mündlichen Überlieferung der von ihnen gefundenen Lieder zu bekräftigen. Diese Inszenierung oraler Unmittelbarkeit kennzeichnet etwa das von Arnim beschriebene Urerlebnis, in dessen Zuge er »zuerst die volle, thateigene Gewalt und den Sinn des Volksliedes vernahm« (KWH 1, 382) und das er in seinem – übrigens ohne das Einverständnis Brentanos ans Ende des ersten Bandes gesetzten – Aufsatz *Von Volksliedern* folgendermaßen beschreibt:

> Da sah ich [auf dem Lande] aus meinem Fenster durch die Bäume, Hofgesinde und Dorfleute, wie sie einander zusangen: Auf, auf, ihr Brüder und seyd stark! / Der Abschiedstag ist da, / Wir ziehen über Land und Meer / Ins heisse Afrika. (ebd.)

Unverfälschtheit und Unmittelbarkeit wird aber auch immer dann simuliert, wenn Gedichte mit Quellenangaben wie »mündlich«, »altes fliegendes Blatt aus Cölln« oder etwa »in der Spinnstube eines hessischen Dorfes aufgeschrieben« versehen werden. Die germanistische Forschung hat mittlerweile zeigen können, dass zwar keines der gesammelten Lieder völlig frei erfunden ist, dass aber auch kaum eines völlig frei von Bearbeitungen durch die Herausgeber geblieben ist. Zudem gehen mehr als die Hälfte auf literarische (und eben nicht mündliche) Quellen zurück, die einen Zeitraum von 1500 bis etwa 1750 umfassen. Der Brentano-Kenner Hans Magnus Enzensberger spricht in diesem Zusammenhang von einem durchaus »doppeldeutige[n] Verhältnis zur Tradition, in dem der bewahrende Instinkt und der bedenkenlose Zugriff sich die Waage halten«. (Enzensberger 2009, 374) So ist etwa, um hier nur eines der berühmtesten Beispiele anzuführen, das laut Quellenangabe von einem »fliegenden Blat« (KWH 1, 130) stammende Deserteursgedicht *Der Schweizer* eine Neudichtung Brentanos auf der Basis zweier fliegender Blätter, deren Charakter durch scheinbar geringfügige Änderungen durchaus verändert wird. Brentano fügt in seiner Version, die den derben Deserteur aus den Vorlagen romantisiert, das Zentralmotiv des Heimwehs neu ein und gibt dem Gedicht mit den bereits in seinem Roman *Godwi* auftauchenden »Tönen des Alphorns« einen spezifischen, sentimentalen Sehnsuchtsklang:

> Zu Straßburg auf der Schanz,
> Da ging mein Trauren an,
> Das Alphorn hört ich drüben wohl anstimmen,
> Ins Vaterland musst ich hinüber schwimmen,
> Das ging nicht an.
>
> Eine Stunde in der Nacht
> Sie haben mich gebracht:

Sie führten mich gleich vor des Hauptmanns Haus,
Ach Gott, sie fischten mich im Strome auf,
Mit mir ists aus.
[…]
Ihr Brüder allzumahl,
Heut seht ihr mich zum letztenmahl;
Der Hirtenbub ist doch nur Schuld daran,
Das Alphorn hat mir solches angethan,
Das Klag ich an.
[…]
(KWH 1, 130f.)

Wenn das *Wunderhorn* schon eine Art »music box« ist, so wird man das hier angewendete Verfahren, durch das Zusammenfügen tradierter Elemente mit eigenen Variationen und Hinzufügungen etwas Neues zu erzeugen, durchaus als eine Vorform des heute in der Populärmusik geläufigen *samplings* bezeichnen können. Allerdings darf man bei allen Parallelen zu heutigen Techniken der Kunsterzeugung den zeitspezifischen Anspruch des *Wunderhorns* nicht übersehen. Den beiden Herausgebern und Kompilatoren ist es ja gerade ein Anliegen, ihre Konjekturen und mithin das Inauthentische an ihrer Sammlung zu überspielen. Auch wenn das *Wunderhorn* den Volkston, den es bloß widerzuspiegeln behauptet, mit allerdings nachhaltiger Wirkung erst schafft, so insistieren die beiden Herausgeber ihren Lesern gegenüber doch auf der »Objektivität« des von ihnen Gefundenen. Dergestalt wird mit dem nationalen Erinnerungsraum, den die »alten deutschen Lieder« gewissermaßen erst stiften, ein nationalkulturelles Orientierungs- und Identitätsangebot erzeugt, das zugleich eine doppelte, gegenwartskritische Stoßrichtung hat: Indem die Sammlung – und darin ähnelt sie den 1812/15 edierten *Kinder- und Hausmärchen* von Jacob und Wilhelm Grimm – ein Traditionskontinuum *deutscher* Eigentümlichkeiten suggeriert, ist sie ein kritischer, das Eigene aufblendender Kommentar zur napoleonischen Fremdherrschaft. Indem sie die alltäglichen ›Dinge des Lebens‹ besingt, d.h. jene existenziellen Befindlichkeiten ausstellt und kommentiert, die das Leben der einfachen Menschen von der Wiege bis zur Bahre prägen, schafft sie ein Refugium an Überschaubarkeit und Beschaulichkeit, das zugleich ein kulturkritischer Einspruch gegen die ›Verkehrtheiten‹ und die zunehmende Unübersichtlichkeit in der Moderne ist.

Als ein literaturpolitisch ebenso kluger wie erfolgreicher Schachzug erweist sich, dass Brentano und von Arnim den ersten Band des *Wunderhorns* schließlich Goethe widmen, der sich mit einer umfangreichen und äußerst wohlwollenden Rezension in der *Jenaischen Allgemeinen Zeitung* revanchiert. Der Grundton einer überwiegend beifälligen Aufnahme, der das *Wunderhorn* zur Blaupause vieler folgender Lyrikanthologien und zur bis heute erfolgreichsten romantischen Gedichtsammlung werden lässt, ist damit gesetzt.

Clemens Brentano als sentimentalischer Dichter des Naiven und »trauriger unstäter Geist«

Dass der Volkston der romantischen Lyrik ein Kunstton, dass das Naive hier immer schon das Sentimentalische, das Ergebnis einer hochreflexiven, ihrer eigenen Mittel bewussten Kunstfertigkeit und Künstlichkeit ist, lässt sich bei kaum einem zweiten Schriftsteller so beispielhaft beobachten, wie bei Clemens Brentano. Auch seine Biographie, mithin sein lebenslanger, mitunter verzweifelter Kampf um Identität, Orientierung und Lebenssinn – sei es, dass er ihn in der Kunst, in der Liebe oder schließlich in der Religion zu finden vermeint – erscheint exemplarisch: Spiegelt sich in ihr doch die Zerrissenheit des modernen (Künstler-) Individuums, das angesichts der Kontingenzzumutungen der Säkularisation, angesichts des Unbehagens in einer religiös ausglühenden Moderne um die Grundlagen und die Stabilität seiner Identität fürchtet und das inmitten der rationalisierten und versachlichten gesellschaftlichen Zusammenhänge nach sinnstiftender Rest- und Nestwärme sucht. Brentano hinterlässt – ohne eine einzige eigenständige Buchpublikation seiner Lyrik zu Lebzeiten – rund 1000 Gedichte, unter ihnen, so der renommierte Brentanoforscher Wolfgang Frühwald, »die schönsten und ergreifendsten Liebesgedichte in deutscher Sprache und zugleich die wohl schlechtesten Zweckgedichte, die je ein bedeutender Autor deutscher Zunge geschrieben hat«. (Frühwald, 1993, 258) Auch diese auffällige Diskrepanz zwischen höchster Kunstfertigkeit und entschiedener Kunstverweigerung, zwischen Kunstliebe und Klosterbrüderlichkeit (s. Kap. 1), hängt mit Brentanos Biographie zusammen.

Zur Biographie Brentanos

»In mir ist ein trauriger unstäter Geist, der mich treibt, und mir dennoch nirgends Ruhe verspricht«, so der 1778 in Ehrenbreitstein als Sohn einer erfolgreichen Kaufmannsfamilie geborene Brentano in einem Brief vom Juli 1809 an Wilhelm Grimm (zit. nach Schultz, 2000, 260). In der Kurzfassung liest sich die Vita des »ruhelosen Sängers« (Dirk von Petersdorff) wie folgt: Durch den frühen Tod der Eltern mit einem beträchtlichen Erbe ausgestattet, das ihm ein gewisses Maß an Unabhängigkeit garantiert, entzieht sich Brentano einer bürgerlichen Berufsausbildung. Diverse Universitätsbesuche (Bonn, Halle, Jena und Göttingen) in diversen Disziplinen (Bergwissenschaften, Medizin, Philosophie und Mathematik) bleiben ohne Abschluss. Es zieht ihn Ende der 1790er Jahre nach Jena, dem Zentrum der frühromantischen Bewegung (s. Kapitel 2), wo er nach anfänglichen Schwierigkeiten rasch auf sein außerordentliches dichterisches Talent aufmerksam zu machen weiß und seine spätere erste Ehefrau Sophie Mereau kennenlernt. Ins erste Jahrzehnt des neuen Jahrhunderts, das ihn – um nur einige Stationen eines auch geographisch bewegten Lebens zu nennen – von Jena u.a. nach Frankfurt, Marburg, Göttingen, Weimar, Heidelberg, Landshut und Berlin führt, fallen der Kindbetttod Sophie Mereaus, der frühe Tod dreier seiner Kinder, eine nach kräftezehrenden Auseinandersetzungen schließlich gescheiterte zweite Ehe mit Auguste Bußmann und der Beginn seiner lebenslangen Freundschaft mit dem »Herzbruder« Achim von Arnim. Es entstehen auch einige seiner bedeutendsten literarischen Arbeiten: Neben der verstreuten oder unveröffentlichten Lyrik die Literatursatire *Gustav Wasa* (1800), sein frühromantischer Experimentalroman *Godwi oder das steinerne Bild der Mutter* (1800/02), das Lustspiel *Ponce de Leon* (1804), die Sammlung *Des Knaben Wunderhorn* sowie der Beginn des Versepos *Die Romanzen vom Rosenkranz* (1810). In den 1810er Jahren wechseln Brentanos Aufenthalte zwischen Berlin, wo er Mitglied der patriotisch-reaktionären »Christlich Deutschen Tischgesellschaft« ist, Prag, Wien und schließlich wieder Berlin. In diesem Zeitraum erscheinen u.a. das Drama *Die Gründung Prags* (1815), die Erzählung *Geschichte vom braven Kasperl und dem schönen Annerl* (1817) sowie das Fragment *Aus der Chronika eines fahrenden Schülers* (1818).

Als unbeständig schildern Brentanos Zeitgenossen seinen Charakter: Er leidet unter emotionalen Spannungen und schwankt, »zum Unglück fähig bis zur Selbstzerstörung« (H.M. Enzensberger), zwischen Anfällen rührseliger Sentimentalität und zum Teil ebenso intelligenten wie verletzenden Ausbrüchen von Sarkasmus; dies allerdings in solch kurzen Zeitabständen, dass es seine Um- und Mitwelt nicht selten schlechterdings überfordert. In einem Brief vom April 1815 spricht Brentano von seiner Sehnsucht nach einem »Menschen, dem ich unbedingt traue und den ich innigst liebe [...], denn mir selbst kann ich nicht trauen« (Schultz 2000, 361). Diese beständigen inneren Spannungen, die gescheiterten

Ehen und Liebesbeziehungen, zudem die enttäuschten Hoffnungen, sich in Prag oder in Wien als Schriftsteller fest etablieren zu können, kurzum: das scheiternde Bemühen um eine stabile Identität, führen Brentano in eine existenzielle Krise, der er 1817 – dem Jahr seiner durch eine Generalbeichte eingeleiteten Reversion zum Katholizismus – durch eine erneute Hinwendung zur Religion Herr zu werden versucht. Auch in religiösen Dingen ist er nicht gerade ein Mann des Maßes und der Ausgeglichenheit, vollzieht und inszeniert er seinen »Sprung« ins Religiöse, sein *sacrificium intellectus*, doch mit der gleichen Unbedingtheit und Intensität wie zuvor sein ästhetisches Wirken. Er versteigert einen Großteil seiner Bibliothek, erklärt sein bisheriges, selbstgenügsames künstlerisches Schaffen zu »geschminkte[n], duftende[n] Toilettensünden unchristlicher Jugend« (zit. nach Enzensberger 2009, 376) und will sein Talent ganz in den kultischen Dienst an der Religion stellen. Lyrisches, das nicht zum religiösen Zweckgedicht taugt, produziert Brentano fortan nur noch heimlich und mit Gewissensbissen. Mit ostentativer Bescheidenheit stilisiert er sich zum bloßen »Schreiber« und protokolliert im westfälischen Dülmen fünf Jahre lang auf 16.000 Folioseiten die Visionen der stigmatisierten Nonne Anna Katharina Emmerick. Aus diesen vermeintlich authentischen Aufzeichnungen entsteht das neben der Volksliedsammlung vielleicht erfolgreichste Werk Brentanos: das 1833 anonym veröffentlichte und mehrfach wieder aufgelegte Erbauungsbuch *Das bittere Leiden unseres Herrn Jesu Christi. Nach den Betrachtungen der gottseligen Anna Katharina Emmerich, Augustinerin des Klosters Agnetenberg zu Dülmen.* Was die Authentizität der ›protokollierten‹ Visionen betrifft, so hat, wie die Forschung zu Brentanos Spätwerk mittlerweile zeigen konnte, auch der evangelistische »Schreiber« in selbstauferlegter Phantasieaskese das Redigieren, das Einfügen und stilisierende Umschreiben seit den *Wunderhorn*-Tagen keineswegs verlernt.

In seinen letzten Lebensjahren findet Brentano eine neue geistige Heimat im katholischen Kreis der Münchner Spätromantik um die Görres-Brüder, wo er sich in die Basler Malerin und Kunstsammlerin Emilie Linder verliebt, die er mit einer Vielzahl durchaus nicht nur religiöser Liebesgedichte umwirbt. Er publiziert weiterhin Erbauliches, bisweilen aber auch wieder Weltliches (das Märchen *Gockel, Hinkel und Hinkeleia* erscheint 1838). Eine Sammelausgabe seiner Werke, die ihm von einem Verleger mehrfach nahe gelegt wird, kommt zu Brentanos Lebzeiten über ihr Anfangsstadium nicht mehr hinaus. Er stirbt am 28.07.1842 in Aschaffenburg.

Brentano als Lyriker

Eines der bekanntesten Gedichte Brentanos, das bereits zu seinen Lebzeiten Einzug in eine *Auswahl deutscher Gedichte für höhere Schulen* (1832) hält und bis heute in kaum einer Anthologie deutschsprachiger Lyrik fehlt, ist *Der Spinnerin Nachtlied.* Obwohl es sich um eines der früheren Gedichte Brentanos handelt – die unbetitelte Erstfassung findet sich in einem Brief an von Arnim vom 6./7. September 1802, wenig später rückt es in den Prosakontext der *Chronika des fahrenden Schülers* (Urfassung 1803-1810, Druckfassung 1818) ein – sind im *Nachtlied* beispielhaft die wesentlichen Charakteristika von Brentanos Lyrik voll entfaltet: Erstens die Mischung aus scheinbar volkstümlicher, Sangbarkeit simulierender Einfachheit und artistischem Raffinement, zweitens das Lebensthema einer erotisch wie religiös grundierten, verzweifelten Suche nach verlorener Einheit und Harmonie.

Der Spinnerin Nachtlied
Es sang vor langen Jahren
Wohl auch die Nachtigall,
Das war wohl süßer Schall,
Da wir zusammen waren.

Ich sing und kann nicht weinen
Und spinne so allein
Den Faden klar und rein,
So lang der Mond wird scheinen.

Da wir zusammen waren,
Da sang die Nachtigall,
Nun mahnet mich ihr Schall,
Daß du von mir gefahren.

So oft der Mond mag scheinen,
Gedenk ich dein allein,
Mein Herz ist klar und rein,
Gott wolle uns vereinen.

Seit du von mir gefahren,
Singt stets die Nachtigall,
Ich denk bei ihrem Schall,
Wie wir zusammen waren.

Gott wolle uns vereinen,
Hier spinn ich so allein,

Der Mond scheint klar und rein,
Ich sing und möchte weinen!
(A/B 35f.)

Der Eindruck der Einfachheit, der sich zunächst einstellen mag, resultiert aus dem Prinzip der geringfügigen Variation und der Wiederholung. Gleichsam formelhaft wiederholte oder leicht variierte Versatzstücke (Nachtigall, (Spinn-)Faden, Mond, einsames Herz und Gott) bestimmen durchgängig die sechs volksliedartigen Strophen, allesamt Vierzeiler mit dreihebigen Jamben und umarmenden Reimen. Hinzu kommt die entschiedene Beschränkung von Syntax und Wortwahl, die glauben machen kann, es läge ein Stück mündlich tradierter Poesie vor: Die Sätze sind kurz und die Worte so ausgesucht einfach, dass es weder eines Wörterbuches noch hermeneutischer Auslegungsakrobatik bedarf, um den Inhalt dieses Gedichtes zu verstehen. Eine einsame Spinnerin beklagt, während sie ihr nächtliches Handwerk ausübt, den Verlust ihres Geliebten. Die kontextgebundene Variante des Gedichts scheint diese einfache Lesart zunächst lediglich zu bestätigen. In der *Chronika des fahrenden Schülers* ist es die Mutter des Ich-Erzählers, die – vereinsamt durch den Tod ihres Geliebten – ihrem Sohn dieses Lied vorsingt. Es klingt zusammen mit dem Lied, das ein »Vögelein vor unserem Fenster« »zugleich« singt. Der Sohn schreibt nun in Erinnerung an diese Szene aus der Vergangenheit das Lied auf. (CB, 525) Allerdings verweist bereits dieser implizierte Vorgang der Übertragung vom Mündlichen (Gesang der Mutter) ins Schriftliche (Erzählung des Sohnes) auf die Vermitteltheit und die ›Gemachtheit‹ des Einfachen und Naiven und somit auf die Möglichkeit einer komplexeren Lesart des Gedichtes. So, wie die Mutter als Spinnerin den »Faden spinnt« (V. 3 und 4) und – wie der Erzähler der *Chronika* berichtet – ein »leinen Tuch« (ebd., 527), also ein Gewebe (lat. textum) erzeugt, so erzeugt der Sohn qua Verschriftlichung des Gehörten ebenfalls ein textuelles Gewebe, einen Text: Und »beide – Textilien wie Texte – entstehen über die Verknüpfung von Fäden zu Mustern und Strukturen von Wiederholung und Variation«. (Kremer 2003, 305). Dieses Verknüpfte, Ver- und Gedichtete aber ist keineswegs etwas, das – auch wenn es so klingt – einfach so, gleichsam natürlich wie der Gesang eines Vogels, entsteht. Es ist vielmehr das Ergebnis eines bewussten, handwerklichen, mithin sentimentalischen Vorganges. Diese Handwerklichkeit der Textur-Erzeugung wird im Gedicht selbst im Akt des Spinnens reflektiert. Und diese Handwerklichkeit, derer es bedarf, um den Eindruck des Einfachen erzeugen zu können, zeigt sich auch bei einem genaueren Blick auf die Bewusstheit der Formgebung, mit der Brentano die beziehungsreiche Textur des *Nachtliedes* gestaltet. Dies kann hier lediglich, im Rückgriff auf die nach wie vor vorbildliche Analyse Wolfgang Frühwalds (Frühwald 1984, 269-279) angedeutet werden. Mit im Grunde nur vier Reimen (-aren / -all / -einen / -ein) erzeugt Brentano ein komplexes Muster von Wiederholung und Variation. Das durchgängig umarmende Reimschema (abba, cddc) wird durch eine gegenläufige, kreuzreimartige Verkettungsstruktur der Strophen aufgebrochen, da die Mittelreime der geraden und der ungeraden Strophen jeweils identisch gepaart werden (»Nachtigall« / »Schall« in den Strophen 1, 3 und 5, »allein« / »rein« in den Strophen 2, 4 und 6). Die Strophen selbst wiederum sind durch die stets weiblichen Kadenzen der Außenreime und stets männlichen Kadenzen der Mittelreime identisch aufgebaut. Die Verknüpfung durch Reime und Kadenzen wird zudem verstärkt durch eine entsprechende klangliche Kohärenz in den einzelnen Verszeilen und durch Assonanzen über die Verse hinweg. Während die Mittelverse ihre Positionen nicht wechseln, läuft die Zeilen-Variation vor allem über die Außenverse: Vers 4 wird in Vers 9, 8 in 13, 12 in 17 und 16 in Vers 21 wieder aufgenommen. Dem über das Spinnrad laufenden, verknüpfenden Faden der Spinnerin entsprechen auf der sprachlichen Ebene schließlich die Enjambements, die bis zum Ende der fünften Strophe, Haupt- und Nebensätze miteinander verbindend, die Verse durchlaufen. Diese gleichsam gleitende Bewegung wird schließlich in der sechsten Strophe durch vier für sich stehende Hauptsätze abgebrochen. Das Lied, so das syntaktische Signal, kommt hier an sein Ende, so wie das Rad der Spinnerin still steht.

Das Verhältnis von oberflächlicher Einfachheit und tiefenstruktureller Komplexität betrifft indes nicht nur die formale Gestaltung des Gedichts. Auch inhaltlich variiert die bewusst einfach gestaltete, von aller philosophischen, historischen oder sozialen Reflexion scheinbar freie Liebesklage ein zentrales Motiv des romantischen Denkens: die in einer als Mangelsituation empfundenen Gegenwart sich artikulierende Sehnsucht nach der zukünftigen Wiederherstellung eines verlorenen, harmonischen Ursprungs- bzw. Ausgangszustandes. Ein solches triadisches Zeitschema (harmonische Ursprungssituation – Verlust – Hoffnung auf Wiederherstellung) ist auch der Klage über den verstorbenen Geliebten eingeschrieben: Die ursprüngliche, von Liebe gekennzeichnete Harmonie zwischen Mensch und Mensch (»Da wir zusammen waren«, Vers 4 und 9), zwischen Mensch und Natur (die menschliche Harmonie wird flankiert vom »süßen Schall« des Nachtigallengesangs, Vers 1-3) ist nicht von Bestand. Ihr folgt eine Gegenwart, die von der Trauer um den Verlust der ursprünglichen Einheit gekennzeichnet ist. Der Gesang der Nachtigall, einst noch der die quasi paradiesische Einheit bekräftigende Naturlaut, wird nun zum Melancholie auslösenden Signal der Erinnerung an das Verlorene und Abwesende: »Nun mahnet mich ihr Schall / Daß du von mir gefahren« (Vers 11f.). Das Gedicht bietet genau jene zwei Varianten, diese menschliche Grundbefindlichkeit der Melancholie auszuhalten, die für Brentano im Besonderen, aber auch für die Romantik im Allgemeinen charakteristisch sind. Zum einen ist da die religiöse Hoffnung auf eine transzendente Instanz, die – in der Zukunft, also dem dritten Stadium – den Ursprungszustand wieder herstellt: »Gott wolle uns vereinen« (Vers 16 und 21). Zum anderen ist da die Kunst, derer sich ja auch die Spinnerin des Gedichtes in Gestalt des Gesanges befleißigt: »Ich sing' und möchte weinen« (Vers 24). Dies heißt auch: Eigentlich möchte ich weinen, stattdessen aber singe ich und eigentlich ist mein Gesang eine (gestaltetere) Form des Weinens. Der Schmerz ist damit zwar kein bewältigter, aber immerhin doch ein bereits geformter. *Blues* und blaue Blume also, d.h. die Kunst wird zum Ausdruck der und zugleich zum Gegenmittel gegen die für den Menschen immer schon konstitutive Trauer über sich selbst. Der menschliche Gesang als Imitation des einst vernommenen Naturlautes (Gesang der Nachtigall) und mithin als Kunst, die immer schon auf einen Verlust, auf ein Getrennt-Sein verweist, erscheint zumindest im Moment der Ausübung als zweite Möglichkeit neben der Religion. Das Gedicht selbst lässt offen, ob die menschliche Kunstausübung wirklich ein Melancholiekompensationsprogramm ist, das erfolgreich auf Dauer gestellt werden kann: Zwar signalisiert die syntaktische Gestaltung der letzten Strophe (s.o.), dass das Spinnrad zum Stillstand kommt. Ob dies aber ein Zeichen für die Einsicht in die Vergeblichkeit – mit dem späten Brentano müsste man gar sagen: in die Verwerflichkeit – der Kunst ist, erfahren wir nicht. Frühwald scheint die letzte Strophe so zu lesen, wenn er zu dem Schluss kommt: »der Faden ist gerissen« (1993, 379). Möglicherweise ist es aber auch nur ein Moment des Atemholens und Innehaltens, bevor die Spinnerin von Neuem spinnt und ihr Lied mit der ersten Strophe wieder von vorn beginnt. Immerhin hat ja auch der späte, ins Religiöse revertierte Brentano weiterhin Gedichte geschrieben, die keine religiösen Zweckgedichte waren. Heimlich allerdings.

Taugt Eichendorff nichts?

Das Zusammenspiel von augenscheinlicher Einfachheit und artistischer Raffinesse bestimmt ebenfalls einen großen Teil der Lyrik Joseph von Eichendorffs (1788-1857), dessen vielfach vertonte Gedichte bis heute zu den wohl populärsten der Romantik zählen.

Zur Biographie Eichendorffs

1788 auf Schloss Lubowitz in Oberschlesien als Sohn eines preußischen Offiziers und zunächst wohlhabenden Landadligen geboren, wird der spätere Dichter, Übersetzer, Literaturhistoriker und Publizist Joseph Freiherr von Eichendorff bis 1801 von einem katholischen Priester, der auf dem Gut der Eichendorffs das Hofmeisteramt bekleidet, unterrichtet. Er studiert Rechtswissenschaften in Halle, Heidelberg (wo er u.a. mit Brentano, von Arnim und Görres zusammentrifft) und Wien und entwickelt zudem starke literarische Neigungen. Nach dem erfolgreichen Studienabschluss und Aufenthalten in Berlin, Paris und Wien, die ihm die Bekanntschaft mit Kleist und engere Kontakte zu Friedrich Schlegel bringen, tritt er 1813 ins preußische Heer ein und nimmt an den Befreiungskriegen teil. Eichendorff führt fortan das für die meisten Schriftsteller seiner Zeit typische Leben zwischen Brotberuf und dichterischen Neigungen. Seine Familie verliert nach den Kriegen wegen Überschuldung sämtliche schlesischen Besitzungen und Eichendorff beginnt 1816 eine unstete Beamtenlaufbahn, die ihn von Breslau u.a. über Berlin, Danzig, Marienwerder und Königsberg wieder nach Berlin führt, wo er erst 1841 eine feste Anstellung als Geheimer Regierungsrat erhält. 1815 erscheint sein erster Roman *Ahnung und Gegenwart*, 1826 seine Novellen *Aus dem Leben eines Taugenichts* und *Das Marmorbild*, 1834 die Erzählung *Dichter und ihre Gesellen* und 1837 eine erste, eigenständige Sammlung seiner *Gedichte*. Neben weiteren literarischen Arbeiten konzentriert sich Eichendorffs Schaffen in den 1840er und -50er Jahren auf Übersetzungen der geistlichen Schauspiele des spanischen Barockdichters Calderón, auf literaturhistorische Abhandlungen (u.a. *Über die ethische und religiöse Bedeutung der neueren romantischen Poesie*, 1847; *Geschichte der poetischen Literatur Deutschlands*, 1857-1861) sowie auf seine publizistischen Arbeiten. Letztere stehen ganz im Zeichen eines stark ausgeprägten Nationalgefühls und der kulturkritischen Positionen der katholischen Spätromantik. Eichendorff beklagt die seiner Ansicht nach vor allem durch die Ideen der Französischen Revolution forcierte Zerstörung einer rechten religiösen Gesinnung, die allein, so sein ungebrochener Glaube, in allen Lebens- und Gesellschaftsbereichen integrativ, sinn- und orientierungsstiftend wirken könne. Er plädiert sowohl für eine Kultur des national organisch Gewordenen und Gewachsenen als auch für eine umfassende Rechristianisierung Deutschlands und Europas, von der er sich eine Heilung der »Zerrissenheit« der gegenwärtigen Zustände verspricht.

1855 übersiedelt Eichendorff nach Neiße in das familieneigene Landhaus, wo er am 26.11.1857 stirbt.

Eichendorff als Lyriker

Nicht zuletzt die Popularität von Eichendorffs Gedichten (ver)führt dazu, dass man seine Einfachheit für Einfalt nimmt. Gewiss, die formelhaft wiederholten Bilder von rauschenden Wäldern, von singenden und wandernden Gesellen, von schallenden Posthörnern und von Morgenröten, die seine Gedichte und auch zum Teil seine Prosatexte prägen, stehen mittlerweile unter Klischee- und Kitschverdacht und laden geradezu dazu ein, ihn als Exponenten eines im Trivialen sich erschöpfenden Romantizismus sowie als bloßen Textlieferanten für eine deutschtümelnd-naturbetrunkene Männergesangsvereinsseligkeit abzustempeln. Aber schon der Philosoph, Soziologe und Kulturkritiker Theodor W. Adorno (1903-1969), der gewiss nicht im Verdacht steht, in künstlerischen Dingen ein Freund des leicht sich bereitenden Vergnügens gewesen zu sein, warnt vor einer solch wohlfeilen Stigmatisierung des spätromantischen Dichters. Eichendorff, so Adorno 1957 in seinem Radioessay *Zum Gedächtnis Eichendorffs*, sei ein Dichter, der

> […] allen Einwänden preisgegeben ist. Aber dennoch gefeit gegen jeglichen. Was […] jeder Esel hört, prallt ab von der Qualität der Eichendorffschen Gedichte.
> (Adorno 1974, 71)

Was Adorno mit dieser Rede von der »Qualität« meint, lässt sich beispielhaft an Eichendorffs vielleicht bekanntestem Gedicht, *Mondnacht* (veröffentlicht 1837, entstanden in den 1830er Jahren), zeigen.

Mondnacht
Es war, als hätt' der Himmel
Die Erde still geküsst,
Daß sie im Blüten-Schimmer
Von ihm nun träumen müßt'.

Die Luft ging durch die Felder,
Die Ähren wogten sacht,
Es rauschten leis die Wälder,
So sternklar war die Nacht.

Und meine Seele spannte
Weit ihre Flügel aus,

Flog durch die stillen Lande,
Als flöge sie nach Haus.
(JE. Bd. I, 322f.)

Mehr noch als Brentanos Lyrik orientieren sich auch Eichendorffs Gedichte in der Mehrzahl am Ideal der Mündlichkeit, d.h. an der Sangbarkeit des Liedes. Entsprechend einfach erscheint denn auch die volksliedartige Formgebung des vorliegenden Gedichts: drei kreuzgereimte Strophen mit jeweils vier metrisch gleich gebauten Versen (dreihebigen Jamben), bei denen sich weibliche und männliche Kadenzen abwechseln. Der Eindruck der Volkstümlichkeit wird noch dadurch verstärkt, dass Eichendorff auch den Einsatz von Assonanzen (»Himmel« / »Schimmer«, V. 1 und 3) und unreinen Reimen (»spannte« / »Lande«, V. 9 und 11) nicht scheut. Der Einfachheit des formalen Baus scheint auf den ersten Blick die jedweder Redseligkeit abholde Offensichtlichkeit des Dargebotenen zu korrespondieren. Gegeben wird in den drei Strophen das im Titel angekündigte Naturbild (Strophe 2), dessen vorangestellte Deutung (Strophe 1) durch die Sprecherinstanz und schließlich – in Strophe 3 – die im Wortsinne beflügelnde, Heimkehrgefühle erzeugende Wirkung, die dieses Naturbild auf das sprechende Ich hat. Zwar erscheint die Natur in Eichendorffs Lyrik keineswegs immer – wie hier – als ein positiv konnotierter Ort der Beherbergung und des Beheimatet-Seins; so beginnt etwa das Gedicht *Zwielicht*, gewissermaßen das Gegenstück zur *Mondnacht*, mit den Versen: »Dämmrung will die Flügel spreiten, / Schaurig rühren sich die Bäume, / Wolken ziehn wie schwere Träume – / Was will dieses Grau'n bedeuten?«; gleichwohl ist es nicht zuletzt »diese scheinbare Zeitlosigkeit und einfache Naturbildlichkeit eines großen Teils von Eichendorffs Gedichten« (Schulz 1989, 779), die ihre starke Wirkung gerade in Zeiten der fortschreitenden Industrialisierung und Technisierung der Lebensverhältnisse verständlich werden lässt. Beschworen wird in diesen Gedichten, wie ja auch in der *Mondnacht*, ein von Entfremdungserfahrungen scheinbar noch ungetrübtes Verhältnis zwischen Mensch und Natur, ein Verhältnis, in dem der Mensch gleichsam in die Einheit verheißende Geborgenheit seiner Ursprünge in der Natur zurückkehren kann. Es steht gewiss außer Frage, dass für den gläubigen Katholiken Eichendorff diese Rückkehr des Menschen zur Natur, sein »Seelenflug« in die Heimat (s. V. 9-12), zugleich seine alle modernen Zerrissenheiten heilende Rückkehr zu Gott ist.

Und doch ist es so einfach mit der *Mondnacht* nicht. Auch wenn Eichendorff selbst das Gedicht im Kontext der 1837 erschienenen Lyrik-Sammlung unter die *Geistlichen Lieder* einordnet, ein schlichtes Glaubensbekenntnis ist der Text gerade nicht. Als Gedicht ist er ja Dokument nicht nur eines religiösen, sondern auch eines ästhetischen Ausdruckswillens; der Text will nicht nur erbauen, sondern auch schön sein. Gegen eine solche Reduktion aufs schlicht Erbauliche und erbaulich Schlichte spricht zunächst die kunstbewusste Verhaltenheit, mit der Eichendorff das religiös-geschichtsteleologisch ausdeutbare Naturbild im Gedicht mehr hintuscht als nachdrücklich aufträgt. Schon Adorno, dem die *Mondnacht* klang, »wie mit dem Bogenstrich gespielt«, weist mit unfehlbarem ästhetischem Takt darauf hin, dass das Gedicht

> [...] das Gefühl der absoluten Heimat nur darum [trägt], weil es nicht unmittelbar die beseligte Natur meint, sondern mit einem Akzent unfehlbaren metaphysischen Takts bloß gleichnishaft ausgesprochen wird. (Adorno 1974, 73)

Die Forschung hat die geschichtsmythologischen und ideengeschichtlichen Verweisungshorizonte, in die das Gedicht eingeschrieben ist, die heilsgeschichtlichen Vorstellungen, auf die es – metonymisch sacht – anspielt, herausgearbeitet: Der in der ersten Strophe angesprochene Kuss von Himmel und Erde, »ein Mythologem von höchst ehrwürdiger heidnischer Tradition« (Bormann 2005, 20), verweist auf die heilige Hochzeit, den *hierós gámos*, von Uranos (Himmel) und Gaia (Erde) und meint den Ursprung der Welt, den Anfang der Kette des Seins und beschwört als vorweggenommene, bildliche Ausdeutung der in der zweiten Strophe entfalteten Naturszene die mögliche Wiedervereinigung alles Getrennten, die Rückkehr ins verlorene Paradies. Die Stille der Mondnacht wird damit zum epiphanischen Erinnerungsmoment an die ursprüngliche Einheit aller Wesen und somit gleichsam zum verschwiegenen Einspruch gegen die Verwerfungen und Irritationen eines entfremdeten Lebens in der Moderne. Während in den sacht wogenden »Ähren« der zweiten Strophe (V. 6) »gleichzeitig noch der zentrale christliche Vereinigungs- und Verwandlungsritus, die Eucharistie, mitschwingt« (Kremer 2009, 100), ist das Anspielungspotenzial des »Seelenflugs« in der dritten Strophe mehrdeutig: Beziehungen zur mythologischen Vorstellung vom Aufschwung der Seele, die – wie es etwa in Platons *Kratylos* dargestellt wird – mit dem Tod wie ein Vogel das Gefängnis des Körpers verlässt, sind ebenso möglich wie Bezüge zur zeitgenössischen, vor allem von Friedrich Wilhelm Joseph Schelling (1775-1854) geprägten romantischen Naturphilosophie. Die flügelspreitende, Heimkehr und Identität imaginierende Seele der dritten Strophe verwiese dann auf Schellings »Weltseele«, in der der spekulative Naturphilosoph geschichtsteleologisch die Einheit von Geist (als unsichtbarer Natur) und Natur (als sichtbarem Geist), von Mikro- und Makrokosmos visioniert (Kremer 2009, 103ff.).

All diese verhalten angedeuteten Bezüge macht das Gedicht Eichendorffs entfaltbar, und dennoch lässt es sich nicht auf einen geschichtsmythologischen Gehalt, sei er nun antiker, christlicher oder naturphilosophischer Abstammung, reduzieren. Eichendorffs *Mondnacht* ist mithin auch kein geschichtsmythologisches Glaubensbekenntnis, da es die angesprochenen Gehalte zwar im Bild entfaltet, sie aber zugleich – auf ebenso einfache wie kunstvolle Weise – problematisiert. Die märchenhafte Einführung (»Es war, als …«, V.1), der konjunktivische Irrealis in der ersten und in der letzten Strophe (nur das Naturbild der zweiten Strophe steht, sozusagen als empirischer Ausgangspunkt der epiphanischen Rahmung, im Indikativ) erzeugen eine Haltung des »Als ob«, die die geschichtsmythologische und heilsgeschichtliche Epiphanie im Angesicht der Naturszenerie mehr zu einer Beschwörung als zu einer Beschreibung werden lässt. Beschwören aber muss man gerade das, was *nicht* da ist, das, um dessen Wahrhaftigkeit man mehr fürchtet als weiß. Das Gedicht artikuliert also den Zweifel an der Möglichkeit der durchaus gewünschten Wiederherstellung der Einheit aller Dinge gleich mit. In diese Skepsis fügt sich auch der Umstand, dass wir es hier, selbst wenn es im Gedicht auch um die Naturwahrnehmung eines Subjektes geht, keineswegs mit einem Erlebnisgedicht im Stile des frühen Goethe zu tun haben. Eichendorffs Gedicht bietet mehr ein Natur*bild* als ein Natur*erlebnis*, weshalb auch das wahrnehmende Subjekt des Gedichtes ganz anders als die stürmenden und drängenden Erlebnis-»Ichs« erst in der letzten Strophe – und dann noch in Gestalt des Possessivpronomens »mein« (V. 9) – zur Sprache gebracht wird.

Ob es die sich in den handschriftlichen Einfügungen, Abänderungen und Verbesserungen des Gedichtes dokumentierende Kunstliebe des Katholiken Eichendorff oder die kulturkritische Skepsis des tiefreligiösen Gegenwartverächters ist, die ihn einen rein erbaulich-klosterbrüderlichen Blick auf die Mondnacht hat vermeiden lassen, mag ungewiss bleiben. Die *Mondnacht* hat in jedem Fall dabei gewonnen.

Weiterführende Literatur

Schulz, Gerhard: Die deutsche Literatur zwischen Französischer Revolution und Restauration. Zweiter Teil: 1806-1830, Geschichte der deutschen Literatur von den Anfängen bis zur Gegenwart. Bd. VII/2. München 1989

Schultz, Hartwig: Clemens Brentano. Stuttgart 1999

Schiwy, Günther: Eichendorff. Der Dichter in seiner Zeit. München 2000

Kremer, Detlef: Joseph von Eichendorffs »Mondnacht« und die romantische Naturphilosophie. In: Zeitschrift für Germanistik. Neue Folge. XIX. Heft 1, 2009, S. 97-107

6

Wahnsinn mit Methode – Die spätromantische Erzählkunst E.T.A. Hoffmanns

E.T.A. Hoffmann galt lange als Verfasser phantastischer, aber mehr oder minder trivialer Schauergeschichten, er war als »Gespenster-Hoffmann« abgestempelt, bestenfalls als Begründer einer »schwarzen Romantik« literaturgeschichtlich irgendwie unumgänglich. Goethes Übersetzung einer Rezension von Walter Scott, der Hoffmanns Erzählungen als »fieberhafte Träume eines leichtbeweglichen kranken Gehirns, [...] die ein unmäßiger Gebrauch des Opiums hervorbringt« (Weimarer Ausgabe, Abt. 1, Bd. 42,1, 86), diskreditiert, hat die Rezeption der Hoffmann'schen Texte nachhaltig geprägt. Heute indes gelten nicht wenigen die Erzählungen Hoffmanns, der wie kaum ein zweiter Autor seiner Zeit mit abgründigem Humor die Nachtseiten der bürgerlichen Psyche auslotet, als Gründungsurkunden eines phantastischen Realismus und als bedeutende Beiträge zur literarischen Romantik. Das umfangreiche Werk Hoffmanns, das zahlreiche Erzählungen, Märchen und zwei Romane umfasst, erscheint in dem relativ knappen Zeitraum zwischen 1809 und 1822, es fällt also noch weitgehend in die mittlere Phase der Romantik. Formal wie thematisch trägt es jedoch, so wird zu zeigen sein, bereits deutliche Kennzeichen einer späten, teils bewahrend-weiterführenden, teils ironisch-kritischen Auseinandersetzung mit den poetologischen Grundsätzen und den kunstreligiösen Utopien der literarischen Romantik.

Zur Biographie Hoffmanns

»Nichts ist langweiliger als festgewurzelt in den Boden jedem Blick, jedem Wort Rede stehen zu müssen«, so heißt es in Hoffmanns Märchen *Prinzessin Brambilla* (HF 3, 870) Und von Verwurzelung kann im Blick auf Hoffmanns eigene Biographie in der Tat nicht die Rede sein. Zeitlebens bleibt er – notgedrungen – in Bewegung, ist er ein Getriebener, den die Lebensumstände sowie die Ausstattung mit verschiedenen künstlerischen

Talenten hin und her jagen. Am 24. Januar 1776 wird Ernst Theodor Wilhelm Hoffmann im damals preußischen Königsberg geboren. Bereits zwei Jahre später trennen sich seine Eltern und Hoffmann wächst ohne Vater mit seiner Mutter und drei Geschwistern bei seiner Großmutter auf. Nach einem Studium der Rechte besteht er 1798 sein Referendarexamen und wird, mittlerweile mit der Tochter seines Onkels verlobt, nach Berlin versetzt, wo er zugleich regelmäßig Musikunterricht nimmt. Er träumt von einer Karriere als Komponist, oder als Zeichner, die Schriftstellerei ist, trotz einiger nicht mehr erhaltener Romanversuche, eigentlich noch kein Thema für ihn. Im März 1800 wird er zum Assessor am Obergericht in Posen ernannt. Doch die »idealische Bürgerhecke« (wie es einmal bei Thomas Mann heißt), hinter der er sich in Posen verschanzen zu können glaubt, wird schon bald wieder in Flammen aufgehen. 1802 wird das Verlöbnis mit Minna Doerffer gelöst: Zugleich führen einige seiner Karikaturen auf einflussreiche Mitglieder der Posener Gesellschaft dazu, dass er als beförderter Regierungsrat in die Provinz nach Plock (Neu-Ostpreußen) versetzt wird. Er komponiert zwar weiterhin Singstücke, Kirchenmusik und Klavierwerke, fühlt sich aber in Plock unglücklich und völlig isoliert. 1804 wird er, mittlerweile verheiratet mit Michaelina Rorer, ins preußische Warschau versetzt und hier scheint alles gut zu werden: familiär, finanziell und auch künstlerisch. Seine Tochter Cäcilia wird geboren, eine feste und fest besoldete Stelle scheint ihm sicher, am 06.04.1805 wird sogar sein Singspiel *Die lustigen Musikanten* (Text von Clemens Brentano) aufgeführt und Hoffmann nennt sich aus Verehrung für Mozart auf dem Titelblatt erstmals mit Drittnamen Amadeus.

Doch auch diesmal ist das Glück nur von kurzer Dauer: Am 19.12.1806 ziehen die siegreichen napoleonischen Truppen in Warschau ein, Hoffmann verliert seine Stellung und kehrt arbeitslos nach Berlin zurück. Kurze Zeit später stirbt seine Tochter.

1808 nimmt er in Bamberg eine schlecht bezahlte Stelle als Kapellmeister an, verliebt sich unglücklich in seine viel zu junge Klavierschülerin Julia Marc, gibt seine Dirigententätigkeit schnell wieder auf und bleibt lediglich Theaterkomponist. Der Bamberger Zeit (von 1808 bis 1813) folgt ein weiteres Jahr, in dem sich Hoffmann vorwiegend mit der Musik beschäftigt und seine bis heute gespielte Oper *Undine* komponiert. Nach einem unerquicklichen Zwischenspiel als Musikdirektor in Dresden zwingt ihn die wirtschaftliche Not, seinen juristischen Brotberuf wieder aufzunehmen. Zunächst arbeitet er am Berliner Kammergericht ohne festes Gehalt, 1816 schließlich, also mit vierzig, wird er zum Kammergerichtsrat ernannt. Inzwischen aber hat auch seine Karriere auf einem Gebiet begonnen, wo er es bisher gar nicht ernsthaft erwartet hatte: in der Literatur. Bereits 1809 hatte er in einer renommierten Musikzeitschrift seine erste Erzählung, *Ritter Gluck*, veröffentlicht. 1814/15 erscheinen schließlich seine *Fantasiestücke in Callot's Manier*, jene Sammlung von Erzählungen, die u.a. den *Goldenen Topf* enthält und ihn schlagartig berühmt macht. Hoffmann führt von nun an eine Doppelexistenz als preußischer Beamter (u.a. wird er Mitglied der Zensurbehörde »zur Ermittlung hochverräterischer Verbindungen und anderer gefährlicher Umtriebe«) und als vor allem nächtlich produktiver Schriftsteller. Die Jahre als preußischer Beamter sind die Zeit von Hoffmanns eigentlicher literarischer Produktion. Besonders die *Elixiere des Teufels* (1815/16) und die *Nachtstücke* (1816/17) sowie die *Serapionsbrüder* (1819-1821), sein dritter und letzter Erzählband, bringen ihm großen Erfolg, aber auch seinen Spottnamen »Gespenster-Hoffmann« ein.

Hoffmanns letzte Lebensjahre werden von seiner zunehmend sich verschlechternden Gesundheit sowie dem Konflikt zwischen seiner schriftstellerischen Tätigkeit und seinem juristischen Beruf überschattet. Die satirische Beschreibung seiner Arbeit in der »Immediatkommission« führt zur Beschlagnahmung des Manuskripts *Meister Floh* (1822) und zieht ein Disziplinarverfahren gegen den mittlerweile todkranken Hoffmann nach sich. Hoffmann erlebt den Ausgang des Gerichtsverfahrens nicht mehr. Am 25.06.1822 stirbt der gerade erst 46-Jährige in Berlin an einer vom Rückenmark ausgehenden und langsam den ganzen Körper ergreifenden Lähmung. Angeblich soll Hoffmann mitten im Diktieren gestorben sein. Auch dies sicherlich eine biographische Anekdote, um deren Wahrheit man fürchten muss. Wir wollen sie einfach glauben: dass sich im zeitlebens so beweglichen Hoffmann sein Geist auch dann noch bewegte, als die fortgeschrittene Krankheit seinen Körper längst völlig gelähmt und stillgelegt hatte.

Hoffmanns Erzähldebüt *Fantasiestücke in Callot's Manier. Blätter aus dem Tagebuche eines reisenden Enthusiasten* (1814/15)

Anfang Mai 1814 erscheinen die ersten beiden Bände von Hoffmanns *Fantasiestücken*. Bereits die Gestaltung des Titels und des unmittelbaren Textumfelds dieses ungewöhnlich erfolgreichen Erstlings lassen sich als ein kaum verhülltes Bekenntnis zu einigen zentralen Aspekten der frühromantischen Poetologie lesen.

Der Titel *Fantasiestücke in Callot's Manier* greift den oben (s. Kap. 2) erläuterten Gedanken der Universalität – als Überschreitung der Grenzen zwischen den Künsten – auf, bringt er doch Musik, bildende Kunst und Literatur miteinander in Verbindung. Der Begriff der Phantasie ist zunächst einer der zentralen Begriffe innerhalb der frühromantischen Programmatik, der als Gegen- und Distinktionsbegriff zur immer wieder beschworenen Verstandesfixiertheit der allzu aufgeklärten Zeitgenossen fungiert. Die Stoßrichtung des Begriffes ist klar: Wer Phantasie hat, der kann kein Philister sein. Zugleich aber konnotiert ›Phantasie‹ seit dem 16. Jahrhundert vor allem Musikalisches: als Bezeichnung für Musikstücke aus dem Stegreif, für musikalische Improvisationen.

Der Zusatz »in Callot's Manier« erlaubt darüber hinaus den Brückenschlag zur bildenden Kunst, handelt es sich doch bei Jacques Callot (1592-1635) um einen Zeichner und Radierer, der – zeitgleich mit Rembrandt – die Radierung zu einer eigenen Kunstgattung entwickelte. Callot schuf figurenreiche epische Szenenbilder nach historischen und biblischen Stoffen. Seinen Ruhm begründeten jedoch die graphischen Massenszenen *en miniature* aus dem Volksleben seiner Zeit (Zigeuner-, Bettlerfolgen u.a.), die von großer und bisweilen unerbittlicher Wahrheitstreue zeugen. Hoffmann verwendet also einerseits einen musikalischen Fachbegriff zur Charakterisierung seiner Art von Literatur und spezifiziert dies andererseits und gleichzeitig durch einen Verweis auf die bildende Kunst. Der von Hoffmann bewusst gewählte Begriff der »Manier«, verstanden als besonderes künstlerisches Verfahren, in dem möglicherweise gar ein bestimmter Künstler wieder erkannt werden kann, verweist auf die Gemachtheit, auf das *Wie* (nicht auf das *Was*) einer künstlerischen Hervorbringung, und rückt den Darstellenden mehr als das Dargestellte in den Blickpunkt des Interesses. In gewisser Weise erfüllt Hoffmann hier also bereits im Titel die frühromantische Forderung nach Transzendentalität, d.h. die Forderung danach, dass die Dichtung selbst über die Arten und Weisen ihrer Hervorbringung, über ihr *Wie*, zu reflektieren habe. Was nämlich, wenn nicht ästhetische Selbstreflexion in gesteigerter Form, liegt bei einem Text vor, der bereits im Titel darauf hinweist, *wie* er gemacht ist und der dann im ersten Stück – eben der *Jaques Callot* betitelten, programmatischen Selbstrezension – diese Produktionsprinzipien noch einmal genauer entfaltet? Dieser Aspekt der Transzendentalität, verstanden als Reflexion und Kommentar der eigenen Textproduktion, zieht sich leitmotivisch durch die *Fantasiestücke* und ist fast immer – dies ist ein weiteres Spezifikum des Hoffmann'schen Erzählens – mit einer ironischen Distanz zum eigenen Tun verbunden: Man denke etwa, um nur ein Beispiel zu nennen, an den

Erzähler des *Goldenen Topfes*, der in der letzten Vigilie selbst auftritt und seine Schreibhemmungen zum Thema macht. Mit dem Begriff der »Manier« macht Hoffmann also an exponierter Stelle klar, dass es bei den folgenden Stücken nicht um eine – wie es bei Goethe heißt – »einfache Nachahmung der Natur« geht, sondern, so definiert Hoffmann in einem Brief an seinen Verleger vom 08.09. 1813 Callots Manier, um »*die besondere subjektive Art* wie der Verfasser die Gestalten des gemein[en] Lebens anschaut und auffasst« (zit. nach HF 2,1, 587). Aber der Begriff der »Manier« wendet sich nicht nur gegen überzogene mimetische Ansprüche, sondern er hat auch eine anti-klassische, zumindest aber eine anti-goethische Dimension. Wendet er sich doch auch gegen Goethes im Geiste des Klassizismus vollzogene Abwertung der Manier gegenüber dem objektiveren Stil. Der Manier kreidet Goethe nämlich das Sichtbarbleiben der künstlerischen Subjektivität durch die Darstellung hindurch an.

Der Untertitel setzt die Bezugnahme auf frühromantisches Ideengut umstandslos fort: die »Blätter« verweisen auf das Fragmentarische, (fingiert) Zufällige und Unabgeschlossene des Dargebotenen, das »Tagebuch« simuliert Authentizität und den subjektiven Status des Erzählten, und der »Enthusiast« ist auch einer jener, deren »Herzen« sich »ergießen«, der in den Erzählungen auf die Kunst bezogene Enthusiasmus erscheint als ein rauschhafter, quasi religiöser Zustand des Gefühlsüberschwangs.

Der Enthusiast ist jedoch nicht nur in programmatischer Hinsicht von Interesse, sondern auch narratologisch. Mit ihm wird eine Erzählerfigur eingeführt, deren im Titel ausgewiesener Gemütszustand dem ebenfalls fingierten Herausgeber der Tagebuchblätter sowie auch dem Autor Hoffmann die Möglichkeit zur Distanz einräumt und dem Leser prinzipiell zumindest Anlass zur Skepsis an der Zuverlässigkeit des jeweils Erzählten gibt. Der Enthusiasmus des Erzählmediums, der ja selbst wiederum zum erzählten Objekt wird, ist nicht – oder doch nur zum Teil – auch der Enthusiasmus des Autors. In Hoffmanns Vorstellung muss nämlich zum Enthusiasmus noch ein zweites, korrigierendes Vermögen hinzukommen: Jenes Vermögen bezeichnet Hoffmann mit dem in der Ästhetik des 18. Jahrhunderts (etwa bei Herder) durchaus verbreiteten Begriff der »Besonnenheit«. So rühmt Hoffmann etwa Beethovens »hohe Besonnenheit, welche vom wahren Genie unzertrennlich ist und von dem Studium der Kunst genährt wird«. (HF 2,1, 55). Besonnenheit, dies meint auch bei Hoffmann, die – nicht zuletzt durch die gedankliche Auseinandersetzung mit anderen Kunstwerken gewonnene – Fähigkeit, die eigene Begeisterung zu zügeln und die Produkte der Phantasie in eine ästhetisch kalkulierte Form zu bringen. Beethovens – und man wird ergänzen dürfen: auch Hoffmanns – Affekterregungskunst erweist sich nicht ausschließlich als das Ergebnis eines rauschhaften, gleichsam unbewussten Schöpfungsprozesses, sondern vielmehr als Resultat einer die künstlerischen Mittel und Wirkungen abwägenden, ästhetischen Vernunft. Bei Hoffmann ist es vor allem die Ironie, die Distanz schafft, eine Ironie, die auch jene autobiographischen Elemente, die er in seine Texte einspeist, keinesfalls verschont.

Und dennoch – ungeachtet all dieser Anschlusssignale an poetologische Überlegungen der frühen Romantik – hat man bei der Lektüre Hoffmanns nicht das Gefühl, man läse einen Text des frühen Tieck oder von Novalis. Dieser Unterschied lässt sich erläutern, wenn man das programmatische erste Fantasiestück, *Jaques Callot* betitelt, heranzieht: Es ist nicht nur ein von Hoffmann romantisierter Callot, der hier präsentiert wird. Wiederholt finden sich in dem kurzen Text auch Signale, die auf eine spezifische Akzentsetzung innerhalb der grundsätzlich akzeptierten frühromantischen Poetologie hindeuten: Von »aus dem Leben genommenen Darstellungen«, von »lebensvollen Physiognomien«, vom »Gemeinsten aus dem Alltagsleben« sowie von den »Gestalten des gewöhnlichen Lebens« (HF 2,1, 17f.) ist da die Rede. Wir haben es also hier mit einem das Alltagsleben als Ausgangspunkt der Phantasie nehmenden, gleichsam realistischen zweiten Erzählprinzip zu tun. Diese Duplizität von Realismus und Phantastik macht das Spezifische von Hoffmanns Erzählkunst aus. Diese Duplizität bestimmt auch seine Erzählstrategien, die sich zu einem *Erzählprinzip der Mehrdeutigkeit* verdichten, was bereits seine erste Erzählung, der *Ritter Gluck*, zeigt.

Durchs »elfenbeinerne Tor«: Hoffmanns Erzählprinzip der Mehrdeutigkeit am Beispiel des *Ritter Gluck*

Wesentliche formale wie inhaltliche Spezifika des Hoffmann'schen Erzählens sind im *Ritter Gluck* ausgeprägt: a) die kunstvolle (d.i. besonnene) Mischung aus realistischen und phantastischen Erzählelementen; b) die erzählerische Erzeugung eines Zustandes, in dem das Verhältnis von Wirklichkeit und Phantastisch-Unheimlichem in einer unaufgelösten Schwebe bleibt; c) ein Netz von – ganz im Sinne Schlegels – (intertextuellen) Anspielungen und Zitaten; d) die Thematisierung der Kunst und die (zumindest indirekte) Problematisierung bestimmter Aspekte einer frühromantischen Kunstreligion.

Die Erzählung wird in zwei Teilen entfaltet: Ein erster schildert die Begegnung des Erzählers mit einem Sonderling im Berliner Tiergarten und beginnt mit einer sachlichen Angabe von Ort, Jahreszeit und Witterung, wie sie durchaus auch in einem der späteren Berlin-Romane Fontanes möglich gewesen wäre. Nach diesen Eingangsbildern tritt die Figur auf, der die Erzählung ihren Titel verdankt. Das Äußere dieses älteren Herrn, der sich an den Tisch des Erzählers setzt, wird genau beschrieben, von der Physiognomie über die Kleidung bis zu seinem Tun, insbesondere seine Reaktionen auf die Musik des Kurorchesters, die ihn zunächst ärgert (wie den Erzähler übrigens auch) und ihn dann aber in Trance versetzt, als das Orchester auf sein Geheiß die Ouvertüre aus Glucks *Iphigenia in Aulis* spielt, die er selbst mitdirigiert. Er berichtet dann in merkwürdigen und pathetischen Bildern über sein Verhältnis zur Musik und führt dem Erzähler seine eigenen Interpretationen vor. Einige Monate später kommt es zu einer weiteren Begegnung zwischen den beiden Protagonisten vor dem Theater in der Friedrichstraße (Hoffmanns Wohnsitz während seines zweiten Berliner Aufenthalts zwischen 1807/08), in dem diesmal Glucks *Armida* gegeben wird. Erneut wird die Wiedergabe vom Unbekannten kritisiert, er nimmt den Erzähler mit in seine Wohnung, in der er ihm seine Interpretation der *Armida* auf dem Klavier vorspielt. Der Erzähler ist sichtlich enthusiasmiert angesichts des Vortrags und fragt den Sonderling schließlich: »Wer sind Sie?« Der dergestalt Befragte verschwindet kurz, taucht wieder auf und stellt sich vor: »Ich bin der Ritter Gluck!« Das Geheimnis des Fremden ist indes nicht gelöst: Denn der berühmte Komponist Gluck (1714-1787) ist zum Zeitpunkt der Erzählung bereits 20 Jahre lang tot.

Mischung der realistischen und phantastischen Elemente

Der Realismus der Eingangsszene, wie auch die genaue Beschreibung der Figur des Gluck am Anfang – all dies sind Wirklichkeitszitate, die dem Erzählten einen Anstrich höchster Authentizität verleihen sollen. Man könnte geradezu von einem funktionalen Realismus sprechen, denn: Gerade vor der Kontrastfolie dieses Realismus gewinnt der Einbruch des Phantastischen – d.h. der Verstoß gegen die Gesetze von Zeit und Raum, der erst am Ende der Erzählung transparent wird – ein gesteigertes Irritationspotenzial. Das Wunderbare setzt bei Hoffmann gerade dort an, wo das Leben besonders prosaisch, oder ›realistisch‹ zu sein scheint: auf den Straßen und Plätzen der Großstädte und nicht im Wald oder in mittelalterlich-mediterranen Zaubergärten.

Allerdings sind auch die realistisch anmutenden Erzählelemente von Mehrdeutigkeiten nicht frei. Das für Hoffmann spezifische Spiel der semantischen Potenzierung auch vermeintlich unscheinbarer Erzählelemente (s. dazu Kap. 4 zu Novalis), das er dann im *Goldenen Topf* weiter ausbauen und perfektionieren wird, deutet sich bereits in seiner ersten Erzählung an. Hier nur ein Beispiel: Im Anfangsabschnitt lässt sich der Erzähler, nachdem er die »Linden« und den »Tiergarten« abgeschritten hat (Orte also, die jeder Berliner kennt), in einem Gartencafé »[d]icht an dem Geländer, welches den Weberschen Bezirk von der Heerstraße trennt«, also abseits der »Heerstraße« (HF 2,1, 19) nieder. Was zunächst anmuten mag wie eine weitere, realistische Ortsangabe, entpuppt sich bei genauerer Betrachtung als mehrdeutiges und vorausweisendes Spiel, in dem die Heerstraße zur Metapher wird. Dass der Erzähler jenseits der Heerstraße seinen Platz findet, verweist metaphorisch bereits auf jene Sonder- und Außenseiterstellung, die er in ästhetischen Fragen – wie auch der Ritter – tatsächlich einnimmt. Bestätigt wird dies, wenn auch der Sonderling selbst die Metapher der Heerstraße wieder aufgreift, als er seine Traumvision vom Reich der wahren Kunst eröffnet:

> Ha, wie ist es möglich, die tausenderlei Arten, wie man zum Komponieren kommt, auch nur anzudeuten! – Es ist eine breite Heerstraße, da tummeln sich alle herum, und jauchzen und schreien: wir sind Geweihte! wir sind am Ziel! – Durchs elfenbeinerne Tor kommt man ins Reich der Träume: wenige sehen das Tor einmal, noch wenigere gehen durch! (HF, 2,1, 24)

Gegenüber diesen Möchtegern-Künstlern, die eben *vor* dem »elfenbeinernen Tor«, das ins Reich der wahren Kunst führt, bleiben, gibt es nur ganz wenige »tolle Gestalten«, denen der Zutritt offenbar gewährt ist:

> [S]ie haben Charakter – eine mehr wie die andere. Sie lassen sich auf der Heerstraße nicht sehen: nur hinter dem elfenbeinernen Tor sind sie zu finden. (ebd.)

Im Reich der Träume und offensichtlich nicht mehr im prosaischen Tiergarten befindet sich also derjenige, der sich, wie der Erzähler, abseits der Heerstraße aufhält. Aber träumt der Erzähler? Sind die Begegnungen mit Gluck also nur geträumt? Diese Frage leitet über zum nächsten Punkt.

Schwebezustand durch darstellungstechnische Mittel

Die Frage, die sich hier aufdrängt (und der die Hoffmann-Forschung wiederholt nachgegangen ist), lautet, wie denn das Erscheinen »Glucks«

überhaupt einzuschätzen ist. Folgende Möglichkeiten bestehen: 1. Der Fremde ist ein Wahnsinniger, der sich nur für Gluck hält. 2. Der Fremde ist ein Phantasie-, Traum- oder Wahngebilde des Erzählers. 3. Der Fremde ist tatsächlich ein Geist, der nach Art Ahasvers, des »ewigen Juden«, zum ewigen Leben verdammt ist. Schließlich 4. Der Fremde steht – allegorisch – für den Geist der Gluck'schen Musik.

Das Problem, oder besser, das Resultat des für Hoffmann spezifischen Erzählprinzips der Mehrdeutigkeit ist, dass der Text auf diese Frage keine eindeutige Antwort gibt und somit alle Versuche, die Existenz des Titelhelden logisch, d.h. widerspruchsfrei, zu erklären, unterläuft. Auch hierzu zwei Beispiele: Die Deutungsoption »Traum des Erzählers« scheint zunächst durchaus ein gewisses Maß an Evidenz aufzuweisen. In der Eingangssequenz heißt es

> [D]a setzte ich mich hin, dem leichten Spiel meiner Fantasie mich überlassend, die mir befreundete Gestalten zuführt, mit denen ich über Wissenschaft, über Kunst, über alles, was dem Menschen am teuersten sein soll, spreche. Immer bunter und bunter wogt die Masse der Spaziergänger bei mir vorüber, aber nichts stört mich, nichts kann meine fantastische Gesellschaft verscheuchen. (HF, 2,1, 19f.)

Bis zu dieser Stelle scheint also alles für die oben genannte Deutungsoption zu sprechen. Allerdings geht es folgendermaßen weiter: »Nur das verwünschte Trio eines höchst niederträchtigen Walzers reißt mich aus der Traumwelt.« (HF, 20) Und dass sich der Erzähler, als er des Sonderlings gewahr wird, eben nicht mehr in seiner Traumwelt befindet, darauf deutet auch die folgende Passage hin:

> Ich sehe auf und werde nun erst gewahr, daß, von mir unbemerkt, an demselben Tische ein Mann Platz genommen hat, der seinen Blick starr auf mich richtet, und von dem nun mein Auge nicht wieder los kommen kann. (HF, 2,1, 20)

Auch für die Option des zum ewigen Leben verurteilten Geistes scheint zunächst einiges zu sprechen. Nach seiner zweiten Darbietung sagt der Ritter zum Erzähler:

> Alles dieses habe ich geschrieben, als ich aus dem Reich der Träume kam. Aber ich verriet Unheiligen das Heilige, und eine eiskalte Hand faßte in dies glühende Herz! Es brach nicht; da wurde ich verdammt, zu wandeln unter den Unheiligen, wie ein abgeschiedener Geist – gestaltlos, damit mich Niemand kenne, bis mich die Sonnenblume wieder emporhebt zu dem Ewigen. (HF, 2,1, 30)

Diese Deutungsoption hat allerdings den Nachteil, dass sie lediglich von einer Figur *innerhalb* der Erzählung ausgesprochen wird. Sie ist die Selbstdeutung des Sonderlings und deshalb mit der nötigen Skepsis zu behandeln. Das letzte Wort des Textes ist sie nicht.

Selbst wenn die Deutung nicht von »Gluck«, sondern seitens des Erzählers offeriert würde, wäre sie kaum valider. Dies hängt mit Hoffmanns »besonnener«, d.h. kalkulierter Gestaltung der Erzählsituation zusammen, die ebenfalls dem Prinzip der Mehrdeutigkeit unterliegt. Als Ich-Erzähler ist der Enthusiast selbst (lediglich) ein Bestandteil der erzählten Welt, kann also gar nicht über einen souveränen Überblick verfügen. Damit nicht genug: Dass man die Erzählung des Enthusiasten mit Skepsis zu betrachten hat, liegt nicht nur – oder besser, nicht einmal im Besonderen – daran, dass sein Erzählstandort limitiert ist. Es liegt viel mehr noch an seiner *Erzählhaltung*. Diese ist nämlich, eben: enthusiastisch. Der Erzähler hat eine sehr lebhafte Phantasie, ist fasziniert vom Unbekannten, Geheimnisvollen, Rätselhaften und nicht immer scheint er zwischen Innen und Außen unterscheiden zu können, kurzum: Er ist unzuverlässig.

Intertextuelle Anspielungen und Zitate

Das Bild vom »elfenbeinernen Tor«, das für den Sonderling die Grenze zum Traumreich der wahren Kunst darstellt – ein Reich übrigens, das zu betreten ebenso schwierig ist, wie es zu verlassen (»wenige sehen das Tor einmal, noch wenigere gehen durch! / Es ist schwer aus diesem Reiche zu kommen« (HF 2,1, 24) – stammt aus der *Odyssee*. Im neunzehnten Gesang spricht Penelope zu Odysseus:

> Fremdling, es gibt doch dunkle und unerklärbare Träume, / Und nicht alle verkünden der Menschen künftiges Schicksal. / Denn es sind, wie man sagt, zwo Pforten der nichtigen Träume: / Eine von Elfenbein, die andre von Horne gebauet. / Welche nun aus der Pforte von Elfenbeine herausgehn, / Diese täuschen den Geist durch lügenhafte Verkündung; / Andere, die aus der Pforte von glattem Horne hervorgehn, / Deuten Wirklichkeit an, wenn sie den Menschen erscheinen. (Homer: Odyssee, 266)

Auch in Vergils *Aeneis* (Aeneas verlässt das Reich der Schatten und Träume durch dieses Tor) und in Dantes *La Divina Commedia* (der Erzähler wird von Vergil geführt) taucht dieses in der abendländischen Traum- und Kunstdeutung etablierte Motiv wieder auf.

Die eigentlich negative Konnotation des »elfenbeinernen Tors« erzeugt mit Blick auf die Kunstvisionen Glucks allerdings einen interessanten, wiederum mehrdeutigen Effekt: Wie ist es zu verstehen, dass die Wahrheit der Kunst anscheinend gerade hinter jener Pforte erfahrbar wird, die im Reich der »nichtigen Träume«, die nichts als »lügenhafte Verkündung[en]« hervorbringen, angesiedelt ist? Auch hier gibt es mindestens drei Möglichkeiten: 1. Hoffmann hat schlampig gearbeitet und die Pforten verwechselt. Dies scheint allerdings angesichts der durchkomponierten Gestaltung der Erzählung – wenn auch nicht ausgeschlossen – doch eher unwahrscheinlich. 2. Gluck wählt bewusst gerade jenes Tor, durch das das »Nichtige« und »Lügenhafte« hervorgeht. Denn dass die Kunst aufgrund ihrer Lügenhaftigkeit abzulehnen sei, ist bereits seit Platon ein fester Topos innerhalb der abendländischen Kunstskepsis. Dass sie zudem eine nichtige, d.h. eine letztlich sowohl nutz-, als auch wertlose Angelegenheit sei, mag wiederum der Einschätzung jener »normalen« Kunstkonsumenten entsprechen, die auf der »Heerstraße« eines Massengeschmacks wandeln, dem die Kunst lediglich zur Verschönerung der Freizeit (etwa im Tiergarten) gereicht. Von jenem philisterhaften Massengeschmack grenzt sich aber Gluck, als Kenner der wahren Kunst, gerade ab. Wir hätten es also mit einer bewussten Umkehrung zu tun: Das, was alle Welt für »Träume«, für »Lügen« erachtet, ist in Wirklichkeit die wahre Wahrheit über die Kunst, die aber nur von den *chosen few*, eben den »tollen Gestalten« erkannt werden kann. 3. Hoffmann wählt bewusst gerade jenes Tor und etabliert somit – gleichsam hinter dem Rücken Glucks und hinter dem seiner Erzählerfigur – qua intertextueller Anspielung eine Metaebene des Erzählens, auf der das Erzählte noch einmal indirekt kommentiert wird. Dann ließe sich der Umstand, dass die kunstreligiösen Visionen Glucks aus dem Reich der lügenhaften Träume stammen, auch lesen als indirekte Kritik an den letztlich ungegründeten Überspanntheiten und Auswüchsen einer frühromantischen Kunstreligion, deren Absolutheitsanspruch den Künstler selbst immer mehr ins gesellschaftliche Abseits drängt. Indirekt thematisiert würde somit auch der Preis, den das (missverstandene) Genie, bzw. derjenige, der sich dafür hält, zu zahlen hat.

Diese Möglichkeit – auch hier liefert der Text natürlich keine Auflösung – führt zum letzten Punkt.

Die Thematisierung der Kunst und die (zumindest indirekte) Problematisierung bestimmter Aspekte einer frühromantischen Kunstreligion

Wenig Zweifel kann daran bestehen, dass die beiden Protagonisten der Erzählung – der reisende Enthusiast, aber auch der »Ritter Gluck« – die kunstreligiöse Emphase der Frühromantik teilen. Leitmotivisch werden die Kunst erörternden Passagen des Textes durchzogen von der Opposition zwischen wahrem Künstlertum und philisterhaftem Geschmäcklertum. Kaum zu überlesen ist die bewusste Distinktion gegenüber einem Massengeschmack, der sich zu bloßen Zerstreuungszwecken an einem »höchst niederträchtigen Walzer« (d.h. der Pop-Musik des 19. Jahrhunderts) erfreuen kann sowie gegenüber einem Berliner Opernpublikum, das den wahren Wert der Kunst nicht zu schätzen weiß. Sowohl die Ausführungen des Sonderlings über die Musik als auch die Beschreibungen seiner eigenen Praxis knüpfen an frühromantische Topoi an: Von der »Berührung mit dem Ewigen« (HF, 2,1, 24) ist da die Rede. Sein Aufenthalt im »Reich der Träume« erweist sich als synästhetische Reise in die Abgründe und Aufschwünge der musikalischen Kreativität: Von »schimmernden Tönen« (HF, 2,1, 25), die einander umschlingen und von einer – Novalis lässt grüßen – Sonnenblume, die den Komponisten in sich aufnimmt, ist da die Rede. Als er den Chor der Priesterinnen aus der *Iphigenia in Tauris* nachsingt, erstaunt der Erzähler ob »gewisse[r] andere[r] Wendungen der Melodien«, die »durch Kraft und Neuheit frappierten« (HF, 2,1, 23). Gluck, als Widergänger des romantischen Künstlers, ahmt eben nicht einfach bereits Vorhandenes nach: Er phantasiert und findet, wie es später heißt, immer wieder »neue, geniale Wendungen« (HF, 2,1, 30). »[S]eine veränderte Musik«, so der Erzähler, war »die Glucksche Szene gleichsam in höherer Potenz.« (HF, 2,1, 30f.) Es dürfte deutlich sein, dass hier – in der Beschreibung der musikalischen Praxis des Fremden – das Progressivitätspostulat der Frühromantik mitklingt: Neuheit, Originalität, Regelüberschreitung und -neudefinition im Sinne eines ewigen Werdens. Da überrascht es kaum noch, dass das Notenbuch des Komponisten, aus dem er am Klavier vorträgt, »mit keiner Note beschrieben« (HF, 2,1, 29) war. Eine Kunst von solcher Unmittelbarkeit und ingeniöser Wucht bedarf des Mediums der Schrift, eben der Notenschrift, nicht (s. Kap. 2 zu A.W. Schlegels Kritik der Schriftlichkeit).

Und doch greift auch bei der Thematisierung der Kunst bereits in Hoffmanns erster veröffentlichter Erzählung – wenn auch noch verhaltener als etwa später im *Sandmann* – das *Prinzip der Mehrdeutigkeit.* Die Stellung des Textes zur Kunst bleibt letztlich uneindeutig, denn schließlich haben wir es hier mit einer Erzählung und nicht mit einer theoretischen Abhandlung zu tun. Das romantische Reden über die Kunst wird auf die Figuren *innerhalb* der Erzählung verteilt. Es erweist sich also als ein doppelt vermitteltes oder gebrochenes Reden: Durch das Medium der (ja nicht ganz verlässlichen) narrativen Instanz zum einen und durch das Medium der figuralen Rede zum anderen. Zu berücksichtigen gilt es zudem, dass wir es bei den Protagonisten zudem mit einem Enthusiasten (oder möglicherweise Wahnsinnigen) und mit einer ebenfalls möglicherweise wahnsinnigen, zumindest aber sonderbaren Figur zu tun haben. Vom Preis, den man für eine solche Hoch- oder Überschätzung der Kunst zu zahlen hat, ist ebenfalls – zumindest indirekt – die Rede: Es sind nicht nur die Qualen, die den Inspirations- und Schöpfungsprozess eben auch begleiten (von »tausend Schmerzen und Ängsten« wird der Komponist im Reich der Träume »gefoltert«, HF, 2,1, 25); es ist dies vor allem die Isolation und Vereinsamung des Künstlers (wie auch des Kunstenthusiasten) innerhalb der Gesellschaft (beide bewegen sich ja abseits der »Heerstraße«): »Ja«, so der Ritter, »öde ists um mich her, denn kein verwandter Geist tritt auf mich zu. Ich stehe allein.« (HF, 2,1 26) Dieser – bei aller Hochschätzung – auch skeptische Blick auf die Kunst zieht sich leitmotivisch durch Hoffmanns Texte.

Hoffmanns skeptischer Blick auf das ästhetische Prekariat im *Goldenen Topf* und im *Sandmann*

Die Kunst ist eine wirtschaftlich wie psychisch prekäre Angelegenheit: Ob sich der Aufwand an Zeit und Lebensenergie, den man in sie investiert, am Ende auszahlt, bleibt lange ungewiss. Für die ökonomische wie psychische Selbsterhaltung kann die Entscheidung, Künstler oder Künstlerin zu sein, fatale Konsequenzen haben. Schwieriger noch wird die Sache dadurch, dass die Frage, ob denn – angesichts dieser unwägbaren Kosten-Nutzen-Relation – das künstlerische Spiel die Mühe lohne, innerhalb des Feldes selbst nicht einmal offen artikuliert werden darf. Denn es gehört zum Spiel eben dazu, dass man nicht fragt und immer schon unterstellt, dass die Kunst ein Spiel ist, das es wert sei gespielt zu werden. Wer fragt, so könnte man ein wenig salopp sagen, der fliegt raus. Aus der bloßen Vermeidung dieser Frage allerdings lassen sich jene Antriebsenergien, derer es bedarf, um ein erfolgreicher Akteur zu werden, nicht gewinnen. Es bedarf der Überhöhung des eigenen Spiels, um die Sinnfrage erst gar nicht aufkommen zu lassen, und es bedarf der Ab- und Ausgrenzung: Um die mangelnde gesellschaftliche Privilegiertheit auszugleichen und um das Risiko erträglich zu machen, müssen jene, die das Spiel nicht spielen, zu »Philistern« abgewertet werden. Die Haltung, die aus der Notwendigkeit entsteht, das eigene Spiel zu überhöhen, ist die *Kunstreligion*. Sie überträgt die Antriebsenergien, das Sinnstiftungspotenzial, das sich sonst aufs Transzendente, Göttliche richtete, nunmehr auf die eigene Tätigkeit: die Kunst.

Auch E.T.A. Hoffmann hat das Prekäre der künstlerischen Existenz in seiner Kunst, dies deutet sich im *Gluck* ja bereits an, immer wieder zum Thema gemacht. Die Frage in die Kunst selbst, d.h. hier: in die Literatur, zu verschieben, ist der Modus, in dem sie schließlich doch legitim wird: Man stellt sie und stellt sie zugleich doch auch nicht.

Nicht, dass die Philister bei Hoffmann besser wegkämen als anderswo. Ganz im Gegenteil: Gerade aus seiner Feder stammen einige der treffendsten und boshaftesten Zeichnungen des (bildungs-)bürgerlichen Philistertums: so etwa die bürgerlichen Teezirkel im 1816 veröffentlichten *Sandmann,* in denen die Entdeckung, dass es sich bei der vom Protagonisten der Erzählung, Nathanael, angebeteten Olimpia lediglich um einen Automaten handelt, folgende Maßnahme zeitigt:

> Um nun ganz überzeugt zu werden, daß man keine Holzpuppe liebe, wurde von mehrern Liebhabern verlangt, daß die Geliebte etwas taktlos singe und tanze, daß sie beim Vorlesen sticke, stricke, mit dem Möpschen spiele u.s.w. vor allen Dingen aber, daß sie nicht bloß höre, sondern auch manchmal in der Art spreche, daß dies Sprechen wirklich ein Denken und Empfinden voraussetze. Das Liebesbündnis vieler wurde fester und dabei anmutiger, andere dagegen gingen leise auseinander. »Man kann wahrhaftig nicht dafür stehen«, sagte dieser und jener. In den Tees wurde unglaublich gegähnt und niemals genieset, um jedem Verdacht zu begegnen. (HF 3, 46f.)

Dass Hoffmann sich der Argumentationsfigur der Philisterkritik nicht bedient hätte, kann man also kaum sagen. Allerdings: Ob das Gras auf der anderen Seite, der des »wilden Außen«, der des literarischen Feldes, wirklich grüner ist, daran artikulieren sich in Hoffmanns Texten zunehmend Zweifel. Eine der Schlüsselszenen über die Außen-Innen-Beziehung von Künstler und Philister findet sich in Hoffmanns *Goldenem Topf.* Der Student Anselmus, ähnlich wie Heinrich von Ofterdingen auf dem Weg zur Verklärung und zum Dichter, kommt – anders als dieser – zwischenzeitlich vom Weg ab. Durch einen bösen Zauber kommt er nämlich, wie es in der Erzählung heißt, »zu einiger Vernunft« (HF 2,1, 294). Dafür bezahlt er einen hohen Preis: Er verliert seine künstlerische Potenz, hinter der Oberfläche der alltäglichen Wirklichkeit die wahre Wirklichkeit, eben das Phantastische, mit dem er vor seinem Sündenfall in die Vernunft in regster Kommunikation stand, zu erkennen. Zur Strafe wird er von seinem Lehrmeister in eine Kristallflasche verbannt. Und doch, so zeigt sich nun, hat er seine Fähigkeit zum tieferen Schauen noch nicht gänzlich eingebüßt. Er sieht immer noch mehr und anderes als die ihn umgebenden Philister:

> Der Student Anselmus wurde gewahr, daß neben ihm auf demselben Repositorium noch fünf Flaschen standen, in welchen er drei Kreuzschüler und zwei Praktikanten erblickte. –»Ach, meine Herren und Gefährten im Unglück«, rief er aus, »wie ist es Ihnen denn möglich, so gelassen, ja so vergnügt zu sein, wie ich es an ihren heitern Mienen bemerke? – Sie sitzen ja doch ebenso gut eingesperrt in gläsernen Flaschen als ich und können sich nicht regen und bewegen [...]«
> »Sie faseln wohl, mein H. Studiosus«, erwiderte ein Kreuzschüler, »nie haben wir uns besser befunden als jetzt [...] wir gehen jetzt alle Tage zu Josephs oder sonst in andere Kneipen, lassen uns das Doppelbier wohl schmecken, sehen auch wohl einem hübschen Mädchen in die Augen, singen wie wirkliche Studenten: gaudeamus igitur und sind seelenvergnügt. [...]«
> »Aber meine besten, wertesten Herren!«, sagte der Student Anselmus, »spüren Sie es denn nicht, daß Sie Alle samt und sonders in gläsernen Flaschen sitzen und sich nicht regen und bewegen, viel weniger umher spazieren können?«

Aber die Studenten sehen nicht den geringsten Grund, jene bittere Pille des Anselmus' zu schlucken, die sie aus der sie umgebenden Matrix befreien könnte:

> [...] »der Studiosus ist toll, er bildet sich ein, in einer gläsernen Flasche zu sitzen und steht auf der Elbbrücke und sieht gerade hinein ins Wasser. Gehen wir nur weiter!« »Ach«, seufzte der Student, »die schauten niemals die holde Serpentina, sie wissen nicht, was Freiheit und Leben in Glauben und Liebe ist, deshalb spüren sie nicht den Druck des Gefängnisses [...]« (HF, 2,1, 304f.)

Erkennbar ist die Grundstruktur des Philisterdiskurses: Während den einen das gemeinschaftliche Bier in den gläsernen Flaschen schmeckt und sie der Weg weiter über die Elbbrücke führt, bleibt Anselmus, wie er meint, zwar voller Erkenntnis, aber allein zurück. Gnosis macht einsam. Erkennbar ist also die Absicht bei Hoffmann, trotzdem ist man als Leser nicht verstimmt: Denn letztlich, und das zeichnet den skeptischen Blick aus, den Hoffmann in seiner Kunst auf das ästhetische Prekariat wirft, bleibt es zumindest im Text in der Schwebe, wer im Wahren sich befindet: die Bier trinkenden Hans Hansens dieser Welt oder der melancholische, der Welt abhanden gekommene Anselmus. Sicherlich, Anselmus erlebt dann schließlich seine Himmelfahrt ins anämische Reich der Kunst, nach Atlantis. Aber dieser Aufstieg des Protagonisten ist nicht das letzte Wort der Erzählung. Das *Märchen aus einer neuen Zeit* endet vielmehr mit einem Fragezeichen und dem Zusatz »Ende des Märchens«. In einer gewagten Metalepse, d.h. einem narrativen Kurzschluss, der die Erzählebenen miteinander vermischt, bringt sich in der letzten Vigilie plötzlich der Erzähler selbst ins Spiel: Er wendet sich direkt an seine Leserschaft und erläutert ihr, dass es ihm unmöglich sei, des Anselmus' Einzug ins Reich Atlantis zu schildern, sein poetisches Vermögen sei erlahmt. Daraufhin erhält er eine Einladung des Archivarius und Zauberers Lindhorst, also einer Figur *in* der Erzählung, ihn aufzusuchen. Dieser berauscht ihn mit Punsch und unter Alkoholeinfluss gelingt dem Erzähler dann die Schau und unbewusste Abfassung von Anselmus' Eintritt ins Reich der Kunst. Schon dies allein, dass es zur poetischen Vision eines Rausches bedarf, der nur durch Stimulantien hervorgerufen werden kann, ist natürlich eine ironische bzw. skeptische Brechung des kunstreligiösen Mythos vom Gnadenstand des sehenden Dichters. Aber diese Himmelfahrt ist – wie gesagt – nicht das letzte Wort: Als der wieder ernüchterte Erzähler sich darüber beklagt, dass er nicht in Atlantis habe bleiben können (also nicht in einem Zustand poetischer Dauerberauschung habe verharren können), antwortet ihm Lindhorst:

> Still still, Verehrter! klagen Sie nicht so! – Waren Sie nicht soeben selbst in Atlantis und haben Sie denn nicht auch dort wenigstens einen artigen Meierhof als poetisches Besitztum Ihres innern Sinns? – Ist denn überhaupt des Anselmus Seligkeit etwas anderes als das Leben in der Poesie, der sich der heilige Einklang aller Wesen als tiefstes Geheimnis der Natur offenbaret?
>
> Ende des Märchens
>
> (HF, 321)

Die Glückseligkeit, die die dichterische Existenz zu verheißen vermag, wird hier also gleich dreifach relativiert: Sie gibt sich als das Ende eines Märchens und mithin als erfunden zu erkennen, sie wird in Frageform formuliert und sie ist zudem die Frage einer – durchaus ambivalenten – Figur aus der Erzählung.

Drastischer noch artikuliert sich Hoffmanns Skepsis gegenüber der Möglichkeit eines gelingenden Lebens allein in der Kunst im *Sandmann*. Radikal wird in dieser Erzählung u.a. der Anspruch des Künstlers, dass das Andere, das nur er zu erkennen in der Lage ist, auch das Wahre sei, in Frage gestellt. Erzählt wird die Geschichte des Studenten Nathanael, dessen Kindheitstrauma, die Angst vor dem Sandmann, ihn bis in die Gegenwart verfolgt. Nathanael glaubt in dem Wetterglashändler Coppola die Schreckensgestalt von einst, den Advokaten Coppelius, wiederzuerkennen. Dieser verkauft dem jungen Dichter ein Fernrohr, das ihn die Schönheit der von Professor Spalanzani erschaffenen Puppe Olimpia erkennen lässt. Nathanael verfällt ihr geradezu. Als er jedoch begreift, dass das einzig Lebendige an Olimpia ihre Augen sind, erfasst ihn ein Anfall von Wahnsinn. Clara, seine Verlobte, kann ihn zwar zunächst gesund pflegen, doch als er bei einer Turmbesteigung Coppelius/Coppola zu entdecken glaubt, packt ihn erneut der Wahnsinn. Er versucht zunächst, Clara umzubringen, als dies ohne Erfolg bleibt, stürzt er sich selbst in den Tod. Nicht zufällig ist die finale Bewegung des in der Dichtung dilettierenden Protagonisten Nathanael das genaue Gegenteil von einer Auf- oder Himmelfahrt: An seiner Sichtweise der Dinge irre geworden, stürzt er sich vom Turm. Abwärts also geht es mit dem romantischen Künstler hier bei Hoffmann. Und dass es sich um einen romantischen Künstler handelt, daran lässt Hoffmanns Text keinen Zweifel. Mit der gleichen satirischen Verve, die er auf das Ziel des Philistertums richtet, artikuliert der Text seine Skepsis an der kunstreligiösen Emphase der Romantiker. Nathanaels poetische Erzeugnisse, die bisher bei seiner Geliebten Clara bestenfalls ein Gähnen hervorlocken konnten, finden – so glaubt zumindest Nathanael – regen Zuspruch bei seiner neuen Geliebten, bei Olimpia. Umgekehrt: Während alle um Nathanael herum Olimpia für ein besonders stumpfsinniges und kaltes, ja mechanisches Wesen halten, glaubt Nathanael, dank seines »poetischen Gemüts« ihr wahres Wesen erkennen zu können:

> Wohl mag euch, ihr kalten prosaischen Menschen, Olimpia unheimlich sein. Nur dem poetischen Gemüt entfaltet sich das gleich organisierte! – Nur mir ging ihr Liebesblick auf und durchstrahlte Sinn und Gedanken, nur in Olimpia's Liebe finde ich mein Selbst wieder. Euch mag es nicht recht sein, daß sie nicht in platter Konversation faselt, wie die andern flachen Gemüter. Sie spricht wenig Worte, das ist wahr; aber diese wenigen Worte erscheinen als echte Hieroglyphe der innern Welt voll Liebe und hoher Erkenntnis des geistigen Lebens in der Anschauung des ewigen Jenseits. Doch für all das habt ihr keinen Sinn und alles sind verlorne Worte. (HF 3, 42)

Perfider geht es kaum: Zwar läuft die Freund-Feind-Logik der Argumentationsfigur ›Künstler vs. Philister‹ ungebrochen weiter, jedoch ist es diesmal die vom Künstler als philiströs disqualifizierte Umwelt, die weiß, was läuft. Sie nämlich erkennt Olimpia als das, was sie tatsächlich ist: ein lebloser Automat. Als einen solchen bezeichnet der romantische Künstler aber gerade Clara: »Du verdammtes, lebloses Automat!«, entfährt es Nathanael, als Clara nicht angemessen auf seine poetischen Hervorbringungen reagiert. Olimpias Reaktion, die zu allem immer nur »Ach« sagt, erscheint ihm in seinem grenzenlosen Narzissmus als angemessener; sie ist kongeniale Rezipientin seiner »Sonneten, Stanzen und Kanzonen« (typisch romantischer Gedichtformen also; s. Kap. 5). Die kunstreligiöse Emphase, die bei Novalis abgeschaute Rede von der »Hieroglyphe« und der »innern Welt«, erscheinen hier als Resultat narzisstischer Hybris und einer eklatanten Fehlwahrnehmung.

Hoffmann selbst war auch hier beweglicher als seine Protagonisten. Vielleicht war es seine Doppelexistenz als bürgerlicher Jurist und nächtlicher Künstler, die ständige Bewegung hin und her zwischen diesen beiden Polen, die ihm das Schicksal vieler seiner Figuren, die völlige gesellschaftliche Isolation oder gar den Wahnsinn, erspart haben. Ohne Beeinträchtigungen ist freilich auch eine solche Beweglichkeit nicht zu haben: Hoffmanns vielfach beschworene Neigung zum Alkohol wie auch sein früher Tod könnten als Indizien für die Anstrengungen gelesen werden, die es bereitet, zwischen den Polen den Stein hin und her zu rollen und im Spiel der Kunst die Balance zu halten. In seiner Kunst – und nicht zuletzt das zeichnet ihn aus – hat Hoffmann sich seine Beweglichkeit und Leichtigkeit jedoch stets erhalten können. Die Sisyphosarbeit, derer es bedurfte, dieses Gleichgewicht zu halten, mag beträchtlich gewesen sein. Vielleicht dürfen wir ihn uns trotzdem oder gerade deswegen als einen glücklichen Menschen vorstellen.

Weiterführende Literatur

Steinecke, Hartmut: Die Kunst der Fantasie. E.T.A. Hoffmanns Leben und Werk. Frankfurt/M. / Leipzig 2004

Kremer, Detlef (Hrsg.): E.T.A.-Hoffmann-Handbuch. Berlin / New York 2009

7

»Do not go gentle into that good night« – Eine kurze, unwissenschaftliche Nachbemerkung zur Romantikrezeption

Was man von der Romantik im Laufe ihrer Rezeption gehalten hat, das sagt meist mehr über diejenigen aus, die sich in irgendeiner Weise zur Romantik verhalten haben, als über *das, wozu* sie sich verhalten haben. Die Teleologien – positive wie negative – wurden nicht selten je nach politischem Bedarf entworfen. Für die nationalkonservative Germanistik wie überhaupt für die deutsche Rechte des späten 19. und halben 20. Jahrhunderts war sie – präziser gesagt: vor allem die mittlere und die späte Romantik – vor allem zweierlei: zum einen die Geburtsstunde einer nationalen Selbstbesinnung und -findung in einer westeuropäisch und somit aufklärerisch ›überfremdeten‹ Welt, zum anderen eine Bewegung, die zurück wollte zu den Wurzeln des Eigenen, eine Bewegung, die gegen die Entfremdungserscheinungen der Moderne das Ursprüngliche, das Echte, vor allem in Gestalt des eigenen Volkes setzte. Diese Betonung des Echten war es nicht zuletzt, die die Germanistik sich für das begeistern ließ, was sie aus der Romantik gemacht hat.

Die Linke hat die Romantik meist ganz ähnlich gesehen, nur hat sie die Wertungszeichen vertauscht: Für sie ist die Romantik jener Schoß, aus dem der spätere Faschismus kroch. Für sie ist die romantische Haltung eine wirklichkeitsblinde Weltflucht. Von der Volkstümelei der mittleren und späten Romantik ist dann der Weg nicht weit zur rassistischen Beschwörung der Volksgemeinschaft im Nationalsozialismus; von Herder führt in dieser Sicht also ein gerader Weg über die Romantik zu Hitler.

Die ästhetische Postmoderne, die sich – von der Lichterkette zur Zeichenkette gleichsam – solcher politischen Zurichtungen endgültig enthoben wähnte, feierte wiederum vor allem die Frühromantik als Vorwegnahme bzw. als Andeutung ihrer selbst: Die gesteigerte Selbstreflexivität, die Einsicht in den Zeichencharakter alles Sprachlichen, die Vorliebe für das intertextuelle Spiel, die Dominanz einer ironischen Haltung zu den Dingen sowie die Einsicht in die Gemachtheit alles Künstlerischen deutete sie ganz in ihrem Sinne als vorweggenommene Absage an all die großen Erzählungen, die nach der Romantik bis in die Mitte des 20.

Jahrhunderts noch kommen sollten. Dass die Rede vom Ende der großen Erzählungen selbst wieder eben das ist: eine weitere große Erzählung, das ist sicherlich nur einer der blinden Flecke innerhalb der mittlerweile auch wieder zur Geschichte gewordenen, ohnehin auf akademische Zirkel beschränkten Berauschung der Postmodernisten an sich selbst.

Eine Romantikkritik hingegen, die mehr an einer stilistisch-gehaltlichen Wertung des Literarischen orientiert ist, verzeichnet es als auffällig, dass – bei aller Betonung des Zugewinns, den sich die Romantik selbst wie ihre Lobredner hinsichtlich der Entdeckung der dunklen Seiten des Menschen zuschreiben – kein einziger romantischer Text, sieht man einmal von den Arbeiten Hoffmanns ab, auch nur annähernd dazu in der Lage ist, wirklich und überzeugend so etwas wie einen Charakter zu gestalten. Nicht einmal von Ferne reichen ja, so die Kritik, all die Lovells, Eckberts, Ofterdingens, Juliusse und Kreuzgänge an jene menschlichen Abgründe heran, die sich etwa in den Figuren eines vermeintlichen Klassikers wie Schiller fänden. Über Literatur könne man in den Büchern der Romantiker zwar eine Menge erfahren, dass die theoretische Ankündigung der Berücksichtigung der Nachtseiten des Menschlichen in der literarischen Praxis zu einer vertieften Einsicht in die Belange und Nöte des Menschen geführt hätte, könne man allerdings füglich bezweifeln.

Suspekt mag bisweilen auch etwas anderes noch erscheinen, nämlich eine ganz bestimmte Art des akademischen Umgangs mit der Romantik. Die ritualhafte akademische Anbetung des Nächtigen, der Schattenseiten, des Bösen, des Todes als Phänomene, die erst mit und seit der Romantik in das Bewusstsein einer bis dahin von der Aufklärung für dumm verkauften Menschheit geraten sind. Vielleicht handelt es sich dabei nur um Schreibtischpollutionen, die mit der doppelten Lebensferne der Buchwissenschaften zu tun haben. Das unfreiwillig Peinliche und Posenhafte, mit dem sich Vertreter der schreibenden Zunft wagemuffig und connaisseurhaft mit der Romantik im Schlepptau als Blumenhändler des Bösen in Szene setzen, mag in der Tat befremden. Gegen diese allzu wohlfeile, ein wenig geschmäcklerische Begeisterung für das Nächtige, Irrationale und den Tod mag man sich dann doch wieder gern an Thomas Mann erinnern, der, als Gewährsmann eines Humanismus wider besseren Wissens, in seiner 1947 gehaltenen Rede über *Nietzsche's Philosophie im Lichte unserer Erfahrung* jener intellektuellen Anbetung des Irrationalen im Namen des ›Lebens‹ etwas entgegenhält, das *mutatis mutandis* auch für die oben angedeutete Haltung zur Romantik gelten könnte:

»Soviel ich sehe, sind es zwei Irrtümer, die das Denken Nietzsche's verstören und ihm verhängnisvoll werden. Der erste ist eine völlige, man muss annehmen: geflissentliche Verkennung des Machtverhältnisses zwischen Instinkt und Intellekt auf Erden, so, als sei dieser das gefährliche Dominierende, und höchste Notzeit sei es, den Instinkt vor ihm zu retten. Wenn man bedenkt, wie völlig bei der großen Mehrzahl der Menschen der Wille, der Trieb, das Interesse den Intellekt, die Vernunft, das Rechtsgefühl beherrschen und niederhalten, so gewinnt die Meinung etwas Absurdes, man müsse den Intellekt überwinden durch den Instinkt. Nur historisch, aus einer philosophischen Augenblickssituation, als Korrektur rationalistischer Saturiertheit, ist diese Meinung zu erklären, und sofort bedarf sie der Gegen-Korrektur. Als ob es nötig wäre, das Leben gegen den Geist zu verteidigen! Als ob die geringste Gefahr bestünde, dass es je zu geistig zugehen könnte auf Erden! [...] (Mann 1990, 695f.)

Weiterführende Literatur

Schmitt, Carl: Politische Romantik [1925]. Berlin 1991
Klausnitzer, Ralf: Blaue Blume unterm Hakenkreuz. Die Rezeption der deutschen literarischen Romantik im Dritten Reich. Paderborn 1999
Hacks, Peter: Zur Romantik. Berlin 2008

Serviceteil

Zeittafel: Wichtige Texte der Romantik

1797	Wilhelm Heinrich Wackenroder / Ludwig Tieck: *Herzensergießungen eines kunstliebenden Klosterbruders*
	Ludwig Tieck: *Der gestiefelte Kater*; *Der blonde Eckbert*
1798	Ludwig Tieck: *Franz Sternbalds Wanderungen*
1798-1800	Friedrich und August Wilhelm Schlegel geben die Zeitschrift *Athenäum* heraus
1799	Friedrich Schlegel: *Lucinde*
1799	Novalis: *Die Christenheit oder Europa* (Erstveröffentlichung 1826)
1800	Novalis: *Hymnen an die Nacht*
1800	Ludwig Tieck: *Leben und Tod der Heiligen Genoveva*
1800/02	Clemens Brentano: *Godwi oder Das steinerne Bild der Mutter*
1802	Novalis: *Heinrich von Ofterdingen*
1803	Ludwig Tieck: *Minnelieder aus dem Schwäbischen Zeitalter*
1803	Sophie Mereau: *Eduard und Amanda*
1804	*Nachtwachen von Bonaventura*
1806	Ernst Moritz Arndt: *Geist der Zeit (Bd. 1)*
1806-1808	Achim von Arnim / Clemens Brentano: *Des Knaben Wunderhorn*
1807	Joseph Görres: *Die teutschen Volksbücher*
1810	Achim von Arnim: *Armut, Reichtum, Schuld und Buße der Gräfin Dolores*
1811	Friedrich de la Motte-Fouqué: *Undine*
1812/15	Jacob und Wilhelm Grimm: *Kinder- und Hausmärchen*
1813/14	E.T.A. Hoffmann: *Fantasiestücke in Callot's Mainier*
1814	Adelbert von Chamisso: *Peter Schlehmils wundersame Geschichte*
1814	Theodor Körner: *Leyer und Schwert*
1815	Joseph von Eichendorff: *Ahnung und Gegenwart*
1815/16	E.T.A. Hoffmann: *Die Elixiere des Teufels*
1816/17	E.T.A. Hoffmann: *Nachtstücke*
1817	Achim von Arnim: *Die Kronenwächter*
1817/18	Clemens Brentano: *Die Chronika des fahrenden Schülers; Geschichte vom braven Kasperl und schönen Annerl*
1818	Joseph von Eichendorff: *Das Marmorbild*
1819/21	E.T.A. Hoffmann: Lebens-Ansichten des Katers Murr
1819-1822	E.T.A. Hoffmann: *Die Serapions-Brüder*
1826	Joseph von Eichendorff: *Aus dem Leben eines Taugenichts*

1833	Clemens Brentanos *Das bittere Leiden unseres Herrn Jesu Christi. Nach den Betrachtungen der gottseligen Anna Katharina Emmerich, Augustinerin des Klosters Agnetenberg zu Dülmen* erscheint anonym
1837	Joseph von Eichendorff: *Gedichte*
1839	Ludwig Tieck: *Des Lebens Überfluß*
1840	Ludwig Tieck: *Vittoria Accorombona*

Siglen

A/B = Achim von Arnim und Clemens Brentano: Freundschaftsbriefe. Vollständige kritische Edition von Hartwig Schultz, Frankfurt/M. 1998

AW = Arndts Werke. Hrsg. von August Leffson und Wilhelm Steffens. Berlin u.a 1912

AWS = August Wilhelm Schlegel: Vorlesungen über schöne Literatur und Kunst [Berlin 1801-1804]. In: Kritische Ausgabe der Vorlesungen. Hrsg. von Ernst Behler. Erster Band: Vorlesungen über Ästhetik I [1798-1803]. Paderborn u.a. 1989

AWS/SW = A.W. von Schlegel: Sämmtliche Werke. Hrsg. von Eduard Böcking. Bd. I: Poetische Werke. Erster Theil. Hildesheim/New York 1971 [Nachdr. Leipzig 1846]

CB = Clemens Brentano: Die Chronika des fahrenden Schülers (Urfassung). In: Ders.: Werke. Bd. 2. Hrsg. von Friedhelm Kemp. München 1963

FDES = Friedrich Daniel Ernst Schleiermacher: Vertraute Briefe über Friedrich Schlegels *Lucinde* [1800]. In: Ders.: Kritische Gesamtausgabe. Hrsg. von Hans-Joachim Birkner u.a. 1. Abt. Bd. 3: Schriften aus der Berliner Zeit 1800-1802. Hrsg. von Günter Meckenstock. Berlin / New York 1988

FS = Schlegel, Friedrich: Kritische Friedrich-Schlegel-Ausgabe. Hrsg. von Ernst Behler. München, Paderborn, Wien 1958ff.

HF = E.T.A. Hoffmann: Sämtliche Werke in sechs Bänden. Hrsg. von Hartmut Steinecke und Wulf Segebrecht. Frankfurt/M. 1985ff.

HK = Heinrich von Kleist: Sämtliche Werke und Briefe. Bd. 1. Hrsg. von Helmut Sembdner. 5. Aufl. München 1970

JE = Joseph von Eichendorff: Werke in sechs Bänden. Herausgegeben von Wolfgang Frühwald, Brigitte Schillbach und Hartwig Schultz. Frankfurt/M. 1985ff.

JG = Joseph Görres: Gesammelte Schriften. Bd. 3: Geistesgeschichtliche und Literarische Schriften I (1803-1808). Hrsg. von Günther Müller. Köln 1926

JHV = Johann Heinrich Voß: Für die Romantiker. In: Ders.: Ausgewählte Werke. Hrsg. von Adrian Hummel. Göttingen 1996

KWH = Des Knaben Wunderhorn. Alte deutsche Lieder. Gesammelt von Achim von Arnim und Clemens Brentano. Kritische Ausgabe. Herausgegeben und kommentiert von Heinz Rölleke. Stuttgart 1987

LT = Ludwig Tieck: Schriften. Hrsg. von Manfred Frank u.a. Frankfurt/M. 1985ff.

N = Novalis: Werke, Tagebücher und Briefe Friedrich von Hardenbergs. Hrsg. von Hans-Joachim Mähl und Richard Samuel. München 1978

NB = August Klingemann: Nachtwachen von Bonaventura. Hrsg. von Jost Schillemeit. Frankfurt/M. 1982

S/G = Reinhold Steig / Herman Grimm (Hrsg.): Achim von Arnim und die ihm nahe standen. Bd. 1: Achim von Arnim und Clemens Brentano. Stuttgart 1894

W = Wilhelm Heinrich, Wackenroder: Sämtliche Werke und Briefe. Historisch-kritische Ausgabe. Hrsg. von Silvio Vietta und Richard Littlejohns. Heidelberg 1991

Literatur

Adorno, Theodor W.: Noten zur Literatur. Frankfurt/M. 1974

Becker-Cantarino, Barbara: Schriftstellerinnen der Romantik. München 2000

Beckett, Samuel: Warten auf Godot. Frankfurt/M. 1971

Bollenbeck, Georg: Eine Geschichte der Kulturkritik. Von Rousseau bis Günther Anders. München 2007

Bormann, Alexander von: »Mondnacht«, »Zwielicht«. In: Gert Sautermeister (Hrsg.): Interpretationen. Gedichte von Joseph von Eichendorff. Stuttgart 2005, 17-32

Bourdieu, Pierre: Die Regeln der Kunst. Frankfurt/M. 2001

Enzensberger, Hans Magnus: Kobold und Bürgerschreck. Über Clemens Brentano [1958], in: ders.: Über Literatur, Frankfurt/M. 2009, 367-377

Frank, Manfred: Einführung in die frühromantische Ästhetik. Vorlesungen. Frankfurt 1989

Frühwald, Wolfgang: Die artistische Konstruktion des Volkstones. Zu Clemens Brentanos *Der Spinnerin Nachtlied*, in: Wulf Segebrecht (Hrsg.): Gedichte und Interpretationen. Band 3: Klassik und Romantik, Stuttgart 1984, 269-279

– : Die Ewigkeit der Erinnerung. Zur Lyrik Clemens Brentanos, in: Jahrbuch des Freien Deutschen Hochstifts, 1993, 258-275

Gedichte der Romantik. Hrsg. von Wolfgang Frühwald. Stuttgart 1984

Goethe, Johann Wolfgang von: Goethes Werke. Weimarer Ausgabe, Abt. 1, Bd. 42,1. Weimar 1904

Hacks, Peter: Zur Romantik. Berlin 2008

Hoffmeister, Gerhart: Bonaventura: Nachtwachen. In: Erzählungen und Novellen des 19. Jahrhunderts. Band 1. Stuttgart 1988, 61-96

Homer: Odyssee. Aus dem Griechischen von Johann Heinrich Voss. Basel 1980

Japp, Uwe / Scherer, Stefan / Stockinger, Claudia (Hrsg.): Das romantische Drama. Tübingen 2000

Klausnitzer, Ralf: Blaue Blume unterm Hakenkreuz. Die Rezeption der deutschen literarischen Romantik im Dritten Reich. Paderborn 1999

Kremer, Detlef: Romantik. 2. Aufl. Stuttgart / Weimar 2003

– (Hrsg.): E.T.A.-Hoffmann-Handbuch. Berlin / New York 2009

– : Joseph von Eichendorffs »Mondnacht« und die romantische Naturphilosophie. In: Zeitschrift für Germanistik. Neue Folge. XIX. Heft 1, 2009, 97-107

Luhmann, Niklas: Liebe als Passion. Zur Codierung von Intimität. Frankfurt/M. 1982

Mann, Thomas: Nietzsche's Philosophie im Lichte unserer Erfahrung. In: Ders.: Gesammelte Werke in dreizehn Bänden. Band IX: Reden und Aufsätze 1. Frankfurt/M. 1990

Pikulik, Lothar: Frühromantik. 2. Auflage. München 2000
Safranski, Rüdiger: Romantik. Eine deutsche Affäre. München 2007
Schanze, Helmut (Hrsg.): Romantik-Handbuch. 2. durchges. u. aktualisierte Aufl. Stuttgart 2003
Scherer, Stefan / Stockinger, Claudia (Hrsg.): Ludwig-Tieck-Handbuch. Erscheint Berlin/New York 2010
Schiwy, Günther: Eichendorff. Der Dichter in seiner Zeit. München 2000
Schmitt, Carl: Politische Romantik [1925]. Berlin 1991
Schulz, Gerhard: Die deutsche Literatur zwischen Französischer Revolution und Restauration. Zweiter Teil: 1806-1830, Geschichte der deutschen Literatur von den Anfängen bis zur Gegenwart. Bd. VII/2. München 1989
Schultz, Hartwig: Clemens Brentano. Stuttgart 1999
– : Schwarzer Schmetterling. Zwanzig Kapitel aus dem Leben des romantischen Dichters Clemens Brentano. Berlin 2000
Steinecke, Hartmut: Die Kunst der Fantasie. E.T.A. Hoffmanns Leben und Werk. Frankfurt/M. / Leipzig 2004
Uerlings, Herbert: Novalis. Stuttgart 1998
Wanning, Berbeli: Friedrich Schlegel zur Einführung. Hamburg 1999.
Zimmermann, Harro: Friedrich Schlegel oder die Sehnsucht nach Deutschland. Paderborn 2009

Namenregister